清代雄安职官年表 6

魏国栋 梁松涛 编

北京燕山出版社

第六册

清代文安职官年表

职官	人名	籍贯	出身	出处及在职时间
知县	李昌汴	丰润县人	贡士	《民国文安县志》《康熙文安县志》顺治元年
典史	周 南	浙江乐清人		《民国文安县志》《康熙文安县志》顺治元年
知县	宋 炳	山东德州人	举人	《民国文安县志》《康熙文安县志》顺治二年
主薄	刘焕如	浙江人		《民国文安县志》《康熙文安县志》顺治二年
知县	秦世祯	沈阳人	贡士	《民国文安县志》《康熙文安县志》顺治三年
教谕	江中耀	玉田县人	举人	《民国文安县志》《康熙文安县志》顺治三年
训导	高 桂	清苑人	贡士	《民国文安县志》《康熙文安县志》顺治三年
备注：《民国文安县志》中另记载为高一桂。				
教谕	陶成瑜	辽东人	举人	《民国文安县志》《康熙文安县志》顺治四年

职官	人名	籍贯	出身	出处及在职时间
知县	李春元	辽东人		《民国文安县志》《康熙文安县志》顺治四年
知县	钱世锦	江南盱眙县人	进士	《民国文安县志》《康熙文安县志》顺治五年
典史	鲁含贞	山西人		《民国文安县志》《康熙文安县志》顺治五年
知县	郗诏	辽东人		《民国文安县志》《康熙文安县志》顺治六年
守备	蓝九万			《民国文安县志》《康熙文安县志》顺治六年
游击	韩良佐			《康熙文安县志》顺治六年
千总	岳登科	浙江人		《民国文安县志》《康熙文安县志》顺治七年
教谕	崔 林	晋州人	贡士	《民国文安县志》《康熙文安县志》顺治八年
千总	周继文			《民国文安县志》《康熙文安县志》顺治八年

职官	人名	籍贯	出身	出处及在职时间
知县	王勤	山东诸城人	进士	《民国文安县志》《康熙文安县志》顺治九年
训导	王纲振	濬县人	贡士	《民国文安县志》《康熙文安县志》顺治九年
知县	韩文	陕西富平人	举人	《民国文安县志》《康熙文安县志》顺治十年
教谕	张大道	隆平人	举人	《民国文安县志》《康熙文安县志》顺治十年
典史	周忠	浙江人		《民国文安县志》《康熙文安县志》顺治十二年
训导	杨国柱	广平人	贡士	《民国文安县志》《康熙文安县志》顺治十二年
守备	李登全			《民国文安县志》《康熙文安县志》顺治十二年
教谕	郝升	南宫人	贡士	《民国文安县志》《康熙文安县志》顺治十三年
游击	杨奎光			《康熙文安县志》顺治十三年

职官	人名	籍贯	出身	出处及在职时间
千总	赵宽			《民国文安县志》《康熙文安县志》顺治十四年
典史	顾鹏	湖广人		《民国文安县志》《康熙文安县志》顺治十五年
训导	康世美	真定人	贡士	《民国文安县志》《康熙文安县志》顺治十五年
游击	朱志麟			《康熙文安县志》顺治十六年
知县	刘馀泽	山西人	贡士	《民国文安县志》《康熙文安县志》顺治十六年
知县	郭天锡	河南商水人	贡士	《民国文安县志》《康熙文安县志》顺治十七年
教谕	程续南		举人	《民国文安县志》《康熙文安县志》顺治十七年
守备	朱纬			《民国文安县志》《康熙文安县志》顺治十七年
千总	刘有德			《民国文安县志》《康熙文安县志》康熙元年

职官	人名	籍贯	出身	出处及在职时间
教谕	郑　选	唐县人	贡士	《民国文安县志》《康熙文安县志》康熙五年
游击	罗腾蛟			《民国文安县志》《康熙文安县志》康熙五年
千总	王化淳			《民国文安县志》《康熙文安县志》康熙五年
知县	李芳华	河南济源人	进士	《民国文安县志》《康熙文安县志》康熙八年
教谕	谢孟燦	延庆州人	举人	《民国文安县志》《康熙文安县志》康熙九年
游击	王明善			《康熙文安县志》康熙九年
守备	王希喆			《民国文安县志》《康熙文安县志》康熙九年
知县	杨　矗	浙江余姚人	举人	《民国文安县志》《康熙文安县志》康熙十年
典史	许　亮	浙江人		《民国文安县志》《康熙文安县志》康熙十年
典史	张　焕	浙江会稽县人	吏员	《民国文安县志》《康熙文安县志》康熙十年

职官	人名	籍贯	出身	出处及在职时间
典史	韩桂新	广东平远县人	总吏	《民国文安县志》《康熙文安县志》康熙十年
教谕	王胤芳	大名人	举人	《民国文安县志》《康熙文安县志》康熙十年
知县	崔启元	藩下人	举人	《民国文安县志》《康熙文安县志》康熙十一年
典史	祝起凤	江南无锡人		《民国文安县志》《康熙文安县志》康熙十二年
教谕	陈食采	献县人	岁贡	《民国文安县志》《康熙文安县志》康熙十二年
游击	方振奇	直隶曲州人	行伍	《民国文安县志》《康熙文安县志》康熙十二年
千总	杨元祥	京衙人	行伍	《民国文安县志》《康熙文安县志》康熙十二年
守备	胡恺	宛平人	行伍	《民国文安县志》《康熙文安县志》康熙十四年
知县	卫建藩	山西河津人	进士	《民国文安县志》《康熙文安县志》康熙十五年

职官	人名	籍贯	出身	出处及在职时间
教谕	刘向远	真定人	举人	《民国文安县志》《康熙文安县志》康熙十八年
游击	解帜	陕西籍京衙人	丙戌科武进士	《民国文安县志》《康熙文安县志》康熙十八年
训导	杜蘅	钜鹿人	拔贡	《民国文安县志》《康熙文安县志》康熙十九年
守备	高守荣	湖广枣阳人	将材	《民国文安县志》《康熙文安县志》康熙二十年
千总	高乘羡	东安县人	行伍	《民国文安县志》《康熙文安县志》康熙二十年
知县	万聊捷	辽东铁岭县人	例监	《民国文安县志》《康熙文安县志》康熙二十一年
典史	牛际云	山西人		《民国文安县志》《康熙文安县志》康熙二十一年
典史	崔月桂	山西人		《民国文安县志》《康熙文安县志》康熙二十二年
游击	杨钊	辽东江南扬州籍人	将材	《民国文安县志》《康熙文安县志》康熙二十二年

职官	人名	籍贯	出身	出处及在职时间
知县	张朝琮	浙江萧山人	例监	《民国文安县志》《康熙文安县志》康熙二十五年
教谕	王道兴	奉天铁岭人	举人	《民国文安县志》《康熙文安县志》康熙二十八年
典史	沈宁一	江南石埭人	吏员	《民国文安县志》《康熙文安县志》康熙三十年
游击	许 耀	福建海澄人		《民国文安县志》《康熙文安县志》康熙三十年
知县	吴 楫	浙江归安人	进士	《民国文安县志》《康熙文安县志》康熙三十二年
知县	许天馥	江南芜湖人	岁贡	《民国文安县志》《康熙文安县志》康熙三十二年
训导	韩更昌	安平人	岁贡	《民国文安县志》《康熙文安县志》康熙三十二年
千总	王启元	山东人	行伍	《民国文安县志》《康熙文安县志》康熙三十二年
千总	阎应会	天津卫人	行伍	《民国文安县志》《康熙文安县志》康熙三十二年

职官	人名	籍贯	出身	出处及在职时间
游击	陈光祚	京衙人	甲辰进士	《民国文安县志》《康熙文安县志》康熙三十三年
训导	梁薛一	沧州人	岁贡	《民国文安县志》《康熙文安县志》康熙三十五年
游击	熊开运	江西宜春人	丙午解元	《民国文安县志》《康熙文安县志》康熙三十五年
训导	张炜	新安人	岁贡	《民国文安县志》《康熙文安县志》康熙三十六年
知县	赵明镜	翼城人	举人	《民国文安县志》《康熙文安县志》康熙三十七年
主薄	黄廷铎	镶红旗人	例监	《民国文安县志》《康熙文安县志》康熙三十七年
游击	苟文昌	陕西延安府人	行伍	《民国文安县志》《康熙文安县志》康熙三十七年
千总	张显宗	文安人		《民国文安县志》《康熙文安县志》康熙三十七年
知县	毕鼎	镶蓝旗人	荫监	《民国文安县志》《康熙文安县志》康熙三十九年

职官	人名	籍贯	出身	出处及在职时间
知县	张应诏	湖广五开卫人	举人	《民国文安县志》《康熙文安县志》康熙三十九年
知县	杨朝麟	正白旗人	例监	《民国文安县志》《康熙文安县志》康熙三十九年
典史	樊瑞骥	浙江山阴人	吏员	《民国文安县志》《康熙文安县志》康熙三十九年
教谕	齐承嗣	静海人	举人	《民国文安县志》《康熙文安县志》康熙四十年
千总	李元祯	任丘人	行伍	《民国文安县志》《康熙文安县志》康熙四十年
千总	杨之龙	京衙人	行伍	《民国文安县志》《康熙文安县志》康熙四十一年
知县	邹有熹		举人	《民国文安县志》康熙四十三年
知县	刘基长	陕西西安府蒲城县人	进士	《民国文安县志》康熙四十四年
游击	李元祯	直隶任丘人	行伍	《民国文安县志》康熙四十四年

职官	人名	籍贯	出身	出处及在职时间
知县	程绳武	江南甯国府太平县人	进士	《民国文安县志》康熙四十七年
游击	朱正色	陕西甯夏人	侍卫	《民国文安县志》康熙四十九年
游击	颜光昕	江南亳州人	侍卫	《民国文安县志》康熙四十九年
游击	郭宗唐	陕西甘州人	行伍	《民国文安县志》康熙五十年
游击	韩　德	陕西人	行伍	《民国文安县志》康熙五十二年
知县	梁缵素	山西汾州府宁州人	岁贡	《民国文安县志》康熙五十五年
游击	唐际盛	四川成都府人	世袭	《民国文安县志》康熙五十七年
游击	赵　蕙	陕西榆林卫人	行伍	《民国文安县志》康熙五十八年
游击	薛　瀚	山东滕县人	荫生	《民国文安县志》康熙五十八年

职官	人名	籍贯	出身	出处及在职时间
知县	杨楠	江南常州府武进县人	监生	《民国文安县志》康熙六十年
文安营游击	李朝用	正黄旗人	行伍	《爵秩新本》《中枢备览》雍正四年夏
千总	関伯彦	直隶人	行伍	《爵秩新本》《中枢备览》雍正四年夏
把总	凌永福	直隶人	行伍	《爵秩新本》《中枢备览》雍正四年夏
知县	徐谷瑞	江南安庆府怀宁县人	举人	《民国文安县志》雍正四年
知县	陈衣德	福建福州府福清县人	进士	《民国文安县志》雍正五年
游击	李朝用	正黄旗汉军人	汉军世袭拖沙喇哈番	《民国文安县志》雍正五年
游击	周涵	山东临清州人	侍卫	《民国文安县志》雍正六年
游击	张应甲	云南人	行伍	《民国文安县志》雍正八年

职官	人名	籍贯	出身	出处及在职时间
游击	窦天禄	天津人	行伍	《民国文安县志》雍正八年
知县	单鋐	山东莱州府高密县人	举人	《民国文安县志》雍正十一年
游击	吴廷傑	四川人	行伍	《民国文安县志》雍正十一年
游击	杨永和	四川松番卫人	侍卫	《民国文安县志》雍正十二年
知县	金试	江南徽州府休宁县人	监生	《民国文安县志》雍正十三年
知县	姜士仑	浙江严州府遂安县人	进士	《民国文安县志》雍正十三年
游击	李甲早	陕西宁夏人	行伍	《民国文安县志》雍正十三年
游击	哈士德	河间人	行伍	《民国文安县志》雍正十三年
游击	陈永图	大兴县人	行伍	《民国文安县志》乾隆元年

职官	人名	籍贯	出身	出处及在职时间
游击	杨大立	山东历城人	侍卫	《民国文安县志》乾隆元年
游击	惠延祖	山东济宁卫人	世袭	《民国文安县志》乾隆二年
游击	李现祥	陕西宁夏人	荫生	《民国文安县志》乾隆三年
游击	杨永和			《民国文安县志》乾隆三年
游击	刘英	福建长汀县人	侍卫	《民国文安县志》乾隆四年
知县	梁德长	陕西西安府长安县人	监生	《民国文安县志》乾隆八年
知县	张廷镐	陕西西安府醴泉县人	拔贡生	《民国文安县志》乾隆九年
游击	林武略	广东人	侍卫	《民国文安县志》乾隆十年
知县加一级	张建镐	陕西醴泉人	拔贡	《缙绅新书》乾隆十三年春

职官	人名	籍贯	出身	出处及在职时间
教谕	鹿泰吉	保定府定兴县	举人	《缙绅新书》乾隆十三年春
复设训导	李文举	海城人	岁贡	《缙绅新书》乾隆十三年春
管河主薄	来维宽	浙江萧山人	监生	《缙绅新书》乾隆十三年春
典史加一级	韩桂新	广东平远人	议叙	《缙绅新书》乾隆十三年春
典史	王忠嗣	浙江山阴人	例监	《民国文安县志》乾隆十四年
游击	徐	湖南人		《民国文安县志》乾隆十五年
典史	朱履翱	浙江长兴人		《民国文安县志》乾隆十七年
知县	罗泽	四川筠连县人	举人	《民国文安县志》乾隆十九年
知县	杨骐	江南武进人		《民国文安县志》乾隆二十二年

职官	人名	籍贯	出身	出处及在职时间
知县	程有成	安徽华亭人	进士	《民国文安县志》乾隆二十二年
知县	程有成	江南人		《缙绅全本》乾隆二十五年冬

备注：《民国文安县志》乾隆二十二年中记载该人为安徽华亭人。

职官	人名	籍贯	出身	出处及在职时间
教谕加一级	刘 栋	正黄旗人	举人	《缙绅全本》乾隆二十五年冬
复设训导	程 瑛	临榆人	岁贡	《缙绅全本》乾隆二十五年冬
官粮主簿驻苏家桥驻苏家桥	骆龙淇	浙江人	贡生	《缙绅全本》乾隆二十五年冬
典史	钟大文	福建武平人		《缙绅全本》乾隆二十五年冬
知县	程有成	江南人		《缙绅全本》乾隆二十六年秋
教谕加一级	刘 栋	正黄旗人	举人	《缙绅全本》乾隆二十六年秋

职官	人名	籍贯	出身	出处及在职时间
复设训导	程 瑛	临榆人	拔贡	《缙绅全本》乾隆二十六年秋
驻苏家桥官粮主簿驻苏家桥	骆龙淇	浙江人	贡生	《缙绅全本》乾隆二十六年秋
典史	钟大文	福建武平人		《缙绅全本》乾隆二十六年秋
知县	冯履宪	山西代州人	进士	《民国文安县志》乾隆二十七年
主薄	高自伟			《民国文安县志》乾隆二十八年
教谕	董巨湖	高阳县人	戊午科举人	《民国文安县志》乾隆二十九年
主薄	马廷铨	江苏上元人	例监	《民国文安县志》乾隆三十年
特授知县加一级	冯履宪	山西代州人	进士	《爵秩全书》乾隆三十年春
教谕	董巨湖	高阳人	举人	《爵秩全书》乾隆三十年春

职官	人名	籍贯	出身	出处及在职时间
复设训导	程 瑛	临榆人	岁贡	《爵秩全书》乾隆三十年春
主簿驻苏家桥驻苏家桥	高自伟	直隶人	贡生	《爵秩全书》乾隆三十年春
典史	邵 珠	江苏人		《爵秩全书》乾隆三十年春
特授知县加一级	冯履宪	山西代州人	进士	《爵秩全本》乾隆三十年冬
教谕	董巨湖	高阳人	举人	《爵秩全本》乾隆三十年冬
复设训导	程 瑛	临榆人	岁贡	《爵秩全本》乾隆三十年冬
苏家桥主簿驻苏家桥	马廷铨	江苏上元人	监生	《爵秩全本》乾隆三十年冬
备注：《民国文安县志》乾隆三十年中记载该人出身为例监。				
典史	邵 珠	江苏人		《爵秩全本》乾隆三十年冬

职官	人名	籍贯	出身	出处及在职时间
知县	阮 基	浙江慈谿人	进士	《民国文安县志》乾隆三十二年
典史	李聊桂	湖南长沙人	例监	《民国文安县志》乾隆三十二年
知县	阮 基	浙江人		《爵秩全本》乾隆三十三年秋
备注：《民国文安县志》乾隆三十二年中记载该人出身为进士。				
教谕	董巨湖	高阳人	举人	《爵秩全本》乾隆三十三年秋
复设训导	程 瑛	临榆人	岁贡	《爵秩全本》乾隆三十三年秋
苏家桥主簿驻苏家桥	马廷铨	江苏上元人	监生	《爵秩全本》乾隆三十三年秋
典史	李聊桂	湖南长沙人	监生	《爵秩全本》乾隆三十三年秋
训导	王 缙	天津府静海县人	岁贡	《民国文安县志》乾隆三十四年

职官	人名	籍贯	出身	出处及在职时间
主薄	左学义	湖南人	拔贡	《民国文安县志》乾隆三十六年
知县	郝琔	奉天开元人	进士	《民国文安县志》乾隆三十七年
训导	赵益	新安人	廪生	《民国文安县志》乾隆三十七年
知县	李艺			《一档馆》藏 乾隆三十八年
知县	叶开	广东陆丰人	拔贡举人	《民国文安县志》乾隆三十八年
典史	杨洪益	广东大浦人	例监	《民国文安县志》乾隆三十八年
知县	李宗淳	四川石泉人	拔贡	《民国文安县志》乾隆三十九年
知县	叶和侃	江西新建人	副榜	《民国文安县志》乾隆四十年
教谕	石绍奋	清苑县人	庚辰举人	《民国文安县志》乾隆四十年

职官	人名	籍贯	出身	出处及在职时间
训导	周学山	玉田人	廪生	《民国文安县志》乾隆四十一年
教谕	张宗榜	静海县人	丁卯举人	《民国文安县志》乾隆四十二年
知县加一级	叶和侃	江西新建人	副榜	《缙绅全书》《中枢备览》乾隆四十二年秋
教谕	张宗榜	静海人	举人	《缙绅全书》《中枢备览》乾隆四十二年秋
复设训导	周学山	玉田人	廪贡	《缙绅全书》《中枢备览》乾隆四十二年秋
主簿驻苏家桥驻苏家桥	左学义	湖南人	拔贡	《缙绅全书》《中枢备览》乾隆四十二年秋
典史	杨洪益	广东人	监生	《缙绅全书》《中枢备览》乾隆四十二年秋
主薄	杨 照	福建邵武人	例监	《民国文安县志》乾隆四十四年
知县	资元赓	湖南东阳人	举人	《民国文安县志》乾隆四十五年

职官	人名	籍贯	出身	出处及在职时间
知县	周嘉宾	江苏丹徒人	原在承德府	《民国文安县志》乾隆四十五年
知县	窎习	湖南邵阳人	举人	《民国文安县志》乾隆四十七年
知县	陆燿	浙江人和人	例监	《民国文安县志》乾隆四十九年
主薄	端木心寅	江苏上元人	例监	《民国文安县志》乾隆四十九年
典史	强元宰	江南无锡人	例监	《民国文安县志》乾隆五十年
千总	刘履青	晋州人	世袭	《民国文安县志》乾隆五十年
训导	郑履祥	长垣人	廪贡	《民国文安县志》乾隆五十一年
训导	边云龙	镶红旗人	廪贡	《民国文安县志》乾隆五十一年
知县	周士孝	四川南川人	举人	《民国文安县志》乾隆五十二年

职官	人名	籍贯	出身	出处及在职时间
教谕	冉士伟	高阳县人	壬申举人	《民国文安县志》乾隆五十二年
知县加一级	周士孝	四川南川人		《缙绅全书》《中枢备览》乾隆五十三年春
教谕	冉士炜	高阳人	举人	《缙绅全书》《中枢备览》乾隆五十三年春
复设训导	边云龙	奉天人	廪贡	《缙绅全书》《中枢备览》乾隆五十三年春
主簿驻苏家桥驻苏家桥	端木心寅	江苏上元人	监生	《缙绅全书》《中枢备览》乾隆五十三年春
典史	张元宰	江苏无锡人	监生	《缙绅全书》《中枢备览》乾隆五十三年春
主薄	吴应临	江南长洲人		《民国文安县志》乾隆五十六年
教谕	谢煦	深州人	乙酉举人	《民国文安县志》乾隆五十七年
训导	吕松	广平县人	廪贡	《民国文安县志》乾隆五十七年

职官	人名	籍贯	出身	出处及在职时间
教谕	沈 铨	河间人	乙酉举人	《民国文安县志》乾隆五十九年
知县加一级	张 桓	浙江桐乡人	举人	《缙绅全书》嘉庆元年春
备注：《《缙绅全书》嘉庆二年冬记载该人官职为教谕。				
复设训导	吕 松	广平人	岁贡	《缙绅全书》嘉庆元年春
教谕	谢 煦	滦州人	举人	《缙绅全书》嘉庆元年春
备注：《《缙绅全书》嘉庆二年冬中记载该人职位为主薄驻苏家桥。				
主薄驻苏家桥	薛 焜	江苏如皋人	监生	《缙绅全书》嘉庆元年春
典史	强元宰	江苏无锡人	监生	《缙绅全书》嘉庆元年春
知县加一级	张 桓	浙江桐乡人	举人	《缙绅全书》嘉庆二年冬

职官	人名	籍贯	出身	出处及在职时间
复设训导	傅式训	天津人	举人	《缙绅全书》嘉庆二年冬
教谕	谢煦	深州人	举人	《缙绅全书》嘉庆二年冬
主薄驻苏家桥	洪钧	安徽歙县人	监生	《缙绅全书》嘉庆二年冬
典史	强元宰	江苏无锡人	监生	《缙绅全书》嘉庆二年冬
知县加一级	张桓	浙江桐乡人	举人	《缙绅全书》嘉庆三年秋
复设训导	傅式训	天津人	举人	《缙绅全书》嘉庆三年秋
教谕	谢煦	深州人	举人	《缙绅全书》嘉庆三年秋
主薄驻苏家桥	洪钧	安徽歙县人	监生	《缙绅全书》嘉庆三年秋
典史	张炌	江苏铜山人	监生	《缙绅全书》嘉庆三年秋

职官	人名	籍贯	出身	出处及在职时间
知县加一级	张桓	浙江桐乡人	举人	《缙绅全书》嘉庆三年冬
复设训导	傅式训	天津人	举人	《缙绅全书》嘉庆三年冬
教谕	谢煦	深州人	举人	《缙绅全书》嘉庆三年冬
主薄驻苏家桥	洪钧	安徽歙县人	监生	《缙绅全书》嘉庆三年冬
典史	张炘	江苏铜山人	监生	《缙绅全书》嘉庆三年冬
知县加一级	张桓	浙江桐乡人	举人	《缙绅全书》嘉庆五年冬
复设训导	傅式训	天津人	举人	《缙绅全书》嘉庆五年冬
教谕	谢煦	深州人	举人	《缙绅全书》嘉庆五年冬
主薄驻苏家桥	洪钧	安徽歙县人	监生	《缙绅全书》嘉庆五年冬

职官	人名	籍贯	出身	出处及在职时间
典史	张炌	江苏铜山人	监生	《缙绅全书》嘉庆五年冬
知县加一级	朱煜南	浙江黄岩人		《缙绅全书》嘉庆九年春
复设训导	谷太岳	保定府人	举人	《缙绅全书》嘉庆九年春
教谕	黄际泰	天津人	举人	《缙绅全书》嘉庆九年春
主薄驻苏家桥	施铣	浙江山阴人		《缙绅全书》嘉庆九年春
典史	张炌	江苏铜山人	监生	《缙绅全书》嘉庆九年春
知县加一级	朱煜南	浙江黄岩人		《缙绅全书》《中枢备览》嘉庆十一年春
复设训导	谷太岳	保定府人	举人	《缙绅全书》《中枢备览》嘉庆十一年春
教谕	金绍骥	天津府人	举人	《缙绅全书》《中枢备览》嘉庆十一年春

职官	人名	籍贯	出身	出处及在职时间
主薄驻苏家桥	何铨绥	山西灵石人	贡生	《缙绅全书》《中枢备览》嘉庆十一年春
典史	张炌	江苏铜山人	监生	《缙绅全书》《中枢备览》嘉庆十一年春
知县加一级	朱煜南	浙江黄岩人		《缙绅全书》嘉庆十一年夏
复设训导	谷太岳	保定府人	举人	《缙绅全书》嘉庆十一年夏
教谕	金绍骥	天津府人	举人	《缙绅全书》嘉庆十一年夏
主薄驻苏家桥	何铨绥	山西灵石人	贡生	《缙绅全书》嘉庆十一年夏
典史	张炌	江苏铜山人	监生	《缙绅全书》嘉庆十一年夏
知县	张桓	浙江桐乡人	进士	《民国文安县志》嘉庆十六年
知县加一级	陈彦	浙江归安人		《缙绅全书》嘉庆十七年秋

职官	人名	籍贯	出身	出处及在职时间
复设训导	谷太岳	保定府人	举人	《缙绅全书》嘉庆十七年秋
教谕	尹晥	广平人	举人	《缙绅全书》嘉庆十七年秋
主薄驻苏家桥	乔巨英	山西太谷人	监生	《缙绅全书》嘉庆十七年秋
典史	张炘	江苏铜山人	监生	《缙绅全书》嘉庆十七年秋
知县加一级	周衡	四川涪州人		《缙绅全书》嘉庆二十一年冬
教谕	沈铨	河间人	举人	《缙绅全书》嘉庆二十一年冬
复设训导	马国援	天津人	岁贡	《缙绅全书》嘉庆二十一年冬
主簿驻苏家桥	程若容	浙江嘉善人	监生	《缙绅全书》嘉庆二十一年冬
典史	王玉樸	山西安邑人	监生	《缙绅全书》嘉庆二十一年冬

职官	人名	籍贯	出身	出处及在职时间
知县	胡运隆	贵州黄平人	举人	《缙绅全书》（大）嘉庆二十二年冬
教谕	沈铨	河间人	举人	《缙绅全书》（大）嘉庆二十二年冬 《缙绅全书》（小）
复设训导	马国援	天津人	岁贡	《缙绅全书》（大）嘉庆二十二年冬 《缙绅全书》（小）
主簿驻苏家桥 驻苏家桥	程若容	浙江嘉善人	监生	《缙绅全书》（大）嘉庆二十二年冬 《缙绅全书》（小）
典史	王玉樸	山西安邑人	监生	《缙绅全书》（大）嘉庆二十二年冬 《缙绅全书》（小）
知县加一级	胡运隆	贵州黄平人	举人	《缙绅全书》（小）嘉庆二十二年冬
知县加一级	周衡	四川涪州人		《缙绅全书》嘉庆二十五年夏
教谕	沈铨	河间人	举人	《缙绅全书》嘉庆二十五年夏
复设训导	马国援	天津人	岁贡	《缙绅全书》嘉庆二十五年夏

职官	人名	籍贯	出身	出处及在职时间
主簿驻苏家桥 驻苏家桥	程若容	浙江嘉善人	监生	《缙绅全书》嘉庆二十五年夏
典史	王玉樸	山西安邑人	监生	《缙绅全书》嘉庆二十五年夏
知县	远明	旗人		《民国文安县志》嘉庆年
知县	陈彦		进士	《民国文安县志》嘉庆年
知县	德克光泰	旗人		《民国文安县志》嘉庆年
知县加一级	何熙积	山西灵石人		《缙绅全书》《中枢备览》道光四年夏
教谕	沈铨	河间人	举人	《缙绅全书》《中枢备览》道光四年夏
复设训导	胡光祖	保定人	举人	《缙绅全书》《中枢备览》道光四年夏
主簿驻苏家桥 驻苏家桥	程若容	浙江嘉善人	监生	《缙绅全书》《中枢备览》道光四年夏

职官	人名	籍贯	出身	出处及在职时间
典史加一级	韩淦	浙江余姚人	监生	《缙绅全书》《中枢备览》道光四年夏
文安汛千总	李文□	大兴籍三川甘肃宁夏人	行伍	《缙绅全书》《中枢备览》道光四年夏
把总	哈振明	直隶人	行伍	《缙绅全书》《中枢备览》道光四年夏
头司把总	丁阴槐	直隶人	武举	《缙绅全书》《中枢备览》道光四年夏
知县	何熙积	山西灵石人		《缙绅全书》道光四年夏
教谕	沈铨	河间人	举人	《缙绅全书》道光四年夏
复设训导	胡光祖	保定人	举人	《缙绅全书》道光四年夏
主簿驻苏家桥 驻苏家桥	程若容	浙江嘉善人	监生	《缙绅全书》道光四年夏
典史	韩淦	浙江余姚人	监生	《缙绅全书》道光四年夏

职官	人名	籍贯	出身	出处及在职时间
知县	吴斯壁	广西藤县人	优贡	《爵秩全览》道光六年秋
教谕	沈铨	河间人	举人	《爵秩全览》道光六年秋
复设训导	蔡汝懋	承德人	举人	《爵秩全览》道光六年秋
主簿驻苏家桥 驻苏家桥	粟辉楚	湖南长沙人	监生	《爵秩全览》道光六年秋
典史	韩淦	浙江余姚人	监生	《爵秩全览》道光六年秋
知县	刘宝南			《民国文安县志》道光七年
备注：记载这一年该人修孔庙。				
知县加一级	吴斯壁	广西滕县人	优贡	《缙绅全书》道光七年春
教谕	沈铨	河间人	举人	《缙绅全书》道光七年春

职官	人名	籍贯	出身	出处及在职时间
复设训导	蔡汝懋	承德人	举人	《缙绅全书》道光七年春
主薄驻苏家桥	粟辉楚	湖南长沙人	监生	《缙绅全书》道光七年春
典史加一级	韩　淦	浙江余姚人	监生	《缙绅全书》道光七年春
知县加一级	吴斯壁	广西滕县人	优贡	《缙绅全书》《民国文安县志》道光十年冬
教谕	沈　铨	河间人	举人	《缙绅全书》道光十年冬
复设训导	蔡汝懋	承德人	举人	《缙绅全书》道光十年冬
主薄驻苏家桥	粟辉楚	湖南长沙人	监生	《缙绅全书》道光十年冬
交大主薄	毕　林	石埭人	监生	《缙绅全书》道光十年冬
典史加一级	韩　淦	浙江余姚人	监生	《缙绅全书》道光十年冬

职官	人名	籍贯	出身	出处及在职时间
知县	王 赓	四川铜梁人	举人	《民国文安县志》道光十二年
知县	何熙绩	山西灵石人	进士	《民国文安县志》道光十二年
复设训导	王一石	吴桥人	膳録	《民国文安县志》道光十二年
知县加一级	袁 炘	山东曹县人		《缙绅全书》《中枢备览》道光十三年夏
教谕	张华孙	静海县人	廪贡	《缙绅全书》《中枢备览》道光十三年夏
复设训导	王一石	河间人	廪贡	《缙绅全书》《中枢备览》道光十三年夏
主薄驻苏家桥	李朗煊	江苏人	监生	《缙绅全书》《中枢备览》道光十三年夏
交大主薄	蔡 煦	江苏吴县人	监生	《缙绅全书》《中枢备览》道光十三年夏
典史加一级		浙江平湖人	监生	《缙绅全书》《中枢备览》道光十三年夏

职官	人名	籍贯	出身	出处及在职时间
知县加一级	袁 炘	山东曹县人		《缙绅全书》道光十四年春
教谕	张华孙	静海县人	廪贡	《缙绅全书》道光十四年春
复设训导	王一石	河间人	廪贡	《缙绅全书》道光十四年春
主薄驻苏家桥	李朗煊	江苏人	监生	《缙绅全书》道光十四年春
交大主薄	蔡 煦	江苏吴县人	监生	《缙绅全书》道光十四年春
典史	陈 炳	浙江江山人	职员	《缙绅全书》道光十四年春
知县加一级	袁 炘	山东曹县人		《缙绅全书》道光十四年夏
教谕	张华孙	静海县人	廪贡	《缙绅全书》道光十四年夏
复设训导	王一石	河间人	廪贡	《缙绅全书》道光十四年夏

职官	人名	籍贯	出身	出处及在职时间
主薄驻苏家桥	李朗煊	江苏人	监生	《缙绅全书》道光十四年夏
交大主薄	蔡 煦	江苏吴县人	监生	《缙绅全书》道光十四年夏
典史	陈 炳	浙江江山人	职员	《缙绅全书》道光十四年夏
知县加一级	袁 炘	山东曹县人		《缙绅全书》《中枢备览》道光十六年夏
教谕	张华孙	静海县人	廪贡	《缙绅全书》《中枢备览》道光十六年夏
复设训导	王一石	河间人	廪贡	《缙绅全书》《中枢备览》道光十六年夏
主薄驻苏家桥	司马锺	江苏江宁人	监生	《缙绅全书》《中枢备览》道光十六年夏
交大主薄	姜承耀	浙江钱塘人	监生	《缙绅全书》《中枢备览》道光十六年夏
典史	茹 荃	顺天大兴人	监生	《缙绅全书》《中枢备览》道光十六年夏

职官	人名	籍贯	出身	出处及在职时间
知县加一级	袁炘	山东曹县人		《缙绅全书》道光十六年秋
复设训导	王一石	河间人	廪贡	《缙绅全书》道光十六年秋
交大主薄	姜承耀	浙江钱塘人	监生	《缙绅全书》道光十六年秋
教谕	张华孙	静海县人	廪贡	《缙绅全书》道光十六年秋
主薄驻苏家桥	司马锺	江苏江宁人	监生	《缙绅全书》道光十六年秋
典史	茹荃	浙江山阴人	监生	《缙绅全书》道光十六年秋
知县加一级	袁炘	山东曹县人		《缙绅全书》《中枢备览》道光十六年冬
复设训导	王一石	河间人	廪贡	《缙绅全书》《中枢备览》道光十六年冬
交大主薄	姜承耀	浙江钱塘人	监生	《缙绅全书》《中枢备览》道光十六年冬

职官	人名	籍贯	出身	出处及在职时间
教谕	张华孙	静海县人	廪贡	《缙绅全书》《中枢备览》道光十六年冬
主薄驻苏家桥	司马锺	江苏江宁人	监生	《缙绅全书》《中枢备览》道光十六年冬
典史	茹荃	浙江山阴人	监生	《缙绅全书》《中枢备览》道光十六年冬
知县加一级	袁炘	山东曹县人		《缙绅全书》道光十七年秋
复设训导	王一石	河间人	廪贡	《缙绅全书》道光十七年秋
交大主薄	姜承耀	浙江钱塘人	监生	《缙绅全书》道光十七年秋
教谕	张华孙	静海县人	廪贡	《缙绅全书》道光十七年秋
主薄驻苏家桥	练夔	福建武平人	监生	《缙绅全书》道光十七年秋
典史	茹荃	浙江山阴人	监生	《缙绅全书》道光十七年秋

职官	人名	籍贯	出身	出处及在职时间
知县加一级	袁 炘	山东曹县人		《缙绅全书》道光十八年夏
复设训导	王一石	河间人	廪贡	《缙绅全书》道光十八年夏
交大主薄	姜承耀	浙江钱塘人	监生	《缙绅全书》道光十八年夏
教谕	张华孙	静海县人	廪贡	《缙绅全书》道光十八年夏
主薄驻苏家桥	练 夒	福建武平人	监生	《缙绅全书》道光十八年夏
典史	茹 荃	浙江山阴人	监生	《缙绅全书》道光十八年夏
知县	袁 炘	山东曹县人		《缙绅全书》《爵秩全览》道光十九年夏
复设训导	王一石	河间人	廪贡	《缙绅全书》《爵秩全览》道光十九年夏
交大管河主薄	姜承耀	浙江钱塘人	监生	《缙绅全书》《爵秩全览》道光十九年夏

职官	人名	籍贯	出身	出处及在职时间
教谕	侍　景	奉天人	举人	《缙绅全书》《爵秩全览》道光十九年夏
备注：《民国文安县志》中记载该人为训导地方为永平府。				
主薄驻苏家桥	练　夒	福建武平人	监生	《缙绅全书》《爵秩全览》道光十九年夏
典史	茹　荃	浙江山阴人	监生	《缙绅全书》《爵秩全览》道光十九年夏
知县加一级	袁　炘	山东曹县人		《缙绅全书》道光二十年秋
复设训导	王一石	河间人	廪贡	《缙绅全书》道光二十年秋
交大主薄	姜承耀	浙江钱塘人	监生	《缙绅全书》道光二十年秋
教谕	侍　景	奉天人	举人	《缙绅全书》道光二十年秋
主薄驻苏家桥	唐　润	江苏江都人		《缙绅全书》道光二十年秋

职官	人名	籍贯	出身	出处及在职时间
典史		浙江山阴人	监生	《缙绅全书》道光二十年秋
知县加一级	袁炘	山东曹县人		《缙绅全书》道光二十年冬
复设训导	王一石	河间人	廪贡	《缙绅全书》道光二十年冬
交大主薄	练夒	福建武平人	监生	《缙绅全书》道光二十年冬
教谕	侍景	奉天人	举人	《缙绅全书》道光二十年冬
主薄驻苏家桥	唐润	江苏江都人		《缙绅全书》道光二十年冬
典史		浙江山阴人	监生	《缙绅全书》道光二十年冬
知县	刘宝楠	江苏宝应人	嘉庆已卯科优贡，道光乙未科举人庚子科进士	《民国文安县志》道光二十一年

职官	人名	籍贯	出身	出处及在职时间
知县加一级	刘宝楠	江苏人		《缙绅全书》《中枢备览》道光二十二年春
教谕	侍 景	奉天人	举人	《缙绅全书》《中枢备览》道光二十二年春
复设训导	秦鹤鸣	宣化府人	廪贡	《缙绅全书》《中枢备览》道光二十二年春
主簿驻苏家桥驻苏家桥	唐 润	江苏江都人		《缙绅全书》《中枢备览》道光二十二年春
交大主簿驻苏家桥	毛永桓	江苏吴县人	议叙	《缙绅全书》《中枢备览》道光二十二年春
典史	顾立元	江苏人	监生	《缙绅全书》《中枢备览》道光二十二年春
知县加一级	刘宝楠	江苏人		《缙绅全书》道光二十二年冬
教谕	萧令韶	冀州人	举人	《缙绅全书》道光二十二年冬

备注：《民国文安县志》记载该人地方为武邑。

职官	人名	籍贯	出身	出处及在职时间
复设训导	俞 襄	大名人		《缙绅全书》道光二十二年冬
主簿驻苏家桥 驻苏家桥	王锡振	怀宁人	议叙	《缙绅全书》道光二十二年冬
交大主簿驻苏家桥	刘锡春	江西南昌人	监生	《缙绅全书》道光二十二年冬
典史	顾立元	江苏人	监生	《缙绅全书》道光二十二年冬
知县	唐 盛	山西朔州府朔州人	廪生中式，乙酉科举人，乙未大挑	《民国文安县志》道光二十四年
知县加一级	刘宝楠	江苏人		《缙绅全书》道光二十五年夏
教谕	萧令韶	冀州人	举人	《缙绅全书》道光二十五年夏
复设训导	石成文	保定人	廪贡	《缙绅全书》道光二十五年夏
主簿驻苏家桥 驻苏家桥	钟 沅	浙江萧山人	监生	《缙绅全书》道光二十五年夏

职官	人名	籍贯	出身	出处及在职时间
交大主簿驻苏家桥	胡 彬	江苏元和人	吏员	《缙绅全书》道光二十五年夏
典史	顾立元	江苏人	监生	《缙绅全书》道光二十五年夏
知县加一级		江苏人		《缙绅全书》道光二十五年秋
教谕	萧令韶	冀州人	举人	《缙绅全书》道光二十五年秋
复设训导	李遇清	永平人	廪贡	《缙绅全书》道光二十五年秋
主簿驻苏家桥驻苏家桥	钟 沅	浙江萧山人	监生	《缙绅全书》道光二十五年秋
交大主簿驻苏家桥	胡 彬	江苏元和人	吏员	《缙绅全书》道光二十五年秋
典史	顾立元	江苏人	监生	《缙绅全书》道光二十五年秋
知县	王荣清	江苏通州人	进士	《爵秩全览》道光二十六年

职官	人名	籍贯	出身	出处及在职时间
教谕	萧令韶	冀州人	举人	《爵秩全览》道光二十六年
复设训导	李遇清	永平人	廪贡	《爵秩全览》道光二十六年
主簿驻苏家桥 驻苏家桥	钟　沅	浙江萧山人	监生	《爵秩全览》道光二十六年
交大主簿驻苏家桥	石　锷	河南祥符人	监生	《爵秩全览》道光二十六年
典史	顾立元	江苏人	监生	《爵秩全览》道光二十六年
知县加一级	魏谦六	河南人	进士	《缙绅全书》道光二十七年夏
教谕	萧令韶	冀州人	举人	《缙绅全书》道光二十七年夏
复设训导	李遇清	永平人	廪贡	《缙绅全书》道光二十七年夏
主簿驻苏家桥 驻苏家桥	韩作谋	河南鹿邑人	廪贡	《缙绅全书》道光二十七年夏

职官	人名	籍贯	出身	出处及在职时间
交大主簿驻苏家桥	石锷	河南祥符人	监生	《缙绅全书》道光二十七年夏
典史	顾立元	江苏人	监生	《缙绅全书》道光二十七年夏
知县加一级	魏谦六	河南人	进士	《缙绅全书》道光二十七年秋
教谕	萧令韶	冀州人	举人	《缙绅全书》道光二十七年秋
复设训导	李遇清	永平人	廪贡	《缙绅全书》道光二十七年秋
主簿驻苏家桥驻苏家桥	韩作谋	河南鹿邑人	廪贡	《缙绅全书》道光二十七年秋
交大主簿驻苏家桥	石锷	河南祥符人	监生	《缙绅全书》道光二十七年秋
典史		江苏人	监生	《缙绅全书》道光二十七年秋
知县	魏谦六	河南郏县人	进士	《爵秩全览》道光二十八年夏

职官	人名	籍贯	出身	出处及在职时间
教谕	谷清弼	冀州人	举人	《爵秩全览》道光二十八年夏
复设训导	李遇清	永平府人	廪贡	《爵秩全览》道光二十八年夏
主薄驻苏家桥	韩作谋	河南鹿邑人	庠生	《爵秩全览》道光二十八年夏
交大管河主薄	石锷	河南祥符人	监生	《爵秩全览》道光二十八年夏
知县加一级	魏谦六	河南郏县人	进士	《缙绅全书》道光二十八年冬
教谕	谷清弼	冀州人	举人	《缙绅全书》道光二十八年冬
复设训导	李遇清	永平府人	廪贡	《缙绅全书》道光二十八年冬
主薄驻苏家桥	韩作谋	河南鹿邑人	庠生	《缙绅全书》道光二十八年冬
交大主薄	石锷	河南祥符人	监生	《缙绅全书》道光二十八年冬

职官	人名	籍贯	出身	出处及在职时间
典史	宋 球	安徽人	监生	《缙绅全书》道光二十八年冬
知县	周启稷	山东人	进士	《民国文安县志》道光二十八年
典史	王凤冈			《民国文安县志》道光二十八年
知县加一级	魏谦六	河南郏县人	进士	《缙绅全书》道光二十九年夏
教谕	谷清弼	冀州人	举人	《缙绅全书》道光二十九年夏
复设训导	李遇清	永平府人	廪贡	《缙绅全书》道光二十九年夏
主薄驻苏家桥	韩作谋	河南鹿邑人	庠生	《缙绅全书》道光二十九年夏
交大主薄	石 锷	河南祥符人	监生	《缙绅全书》道光二十九年夏
典史		安徽芜湖人	监生	《缙绅全书》道光二十九年夏

职官	人名	籍贯	出身	出处及在职时间
知县	王荣清	江苏人	道光甲辰科进士	《民国文安县志》道光二十九年
知县	王光熊	沈阳人	贡生	《民国文安县志》道光三十年
知县	高衔	浙江山阴人	监生	《爵秩全览》咸丰元年夏
教谕	彭继绅	保定府人	举人	《爵秩全览》咸丰元年夏
复设训导	李遇清	永平府人	廪贡	《爵秩全览》咸丰元年夏
主薄驻苏家桥	锺景	浙江海宁人	供事	《爵秩全览》咸丰元年夏
交大管河主薄	何承古	江苏上元人		《爵秩全览》咸丰元年夏
典史	陆鸣銮	浙江嘉兴人		《爵秩全览》咸丰元年夏
知县	高衔		吏员	《民国文安县志》咸丰年

职官	人名	籍贯	出身	出处及在职时间
知县	高衔	浙江山阴人	监生	《爵秩全览》咸丰二年冬
教谕	彭继绅	保定府人	举人	《爵秩全览》咸丰二年冬
复设训导	李遇清	永平府人	廪贡	《爵秩全览》咸丰二年冬
主薄驻苏家桥	锺景	浙江海宁人	供事	《爵秩全览》咸丰二年冬
交大管河主薄	韩明光	浙江钱塘人		《爵秩全览》咸丰二年冬
典史	陆鸣銮	浙江嘉兴人		《爵秩全览》咸丰二年冬
知县加一级	高衔	浙江山阴人	监生	《缙绅全书》咸丰三年夏
教谕	彭继绅	保定人	举人	《缙绅全书》咸丰三年夏
复设训导	李遇清	永平府人	廪贡	《缙绅全书》咸丰三年夏

职官	人名	籍贯	出身	出处及在职时间
主簿驻苏家桥	锺　景	浙江海宁人	供事	《缙绅全书》咸丰三年夏
交大主簿		浙江钱塘人		《缙绅全书》咸丰三年夏
典史	陆鸣銮	浙江仁和人	监生	《缙绅全书》咸丰三年夏
知县	许汉方		举人	《民国文安县志》咸丰三年
知县加一级	王荣清	江苏通州人		《缙绅全书》咸丰四年春
教谕	庸令韶	冀州人	举人	《缙绅全书》咸丰四年春
复设训导	李遇清	永平府人	廪贡	《缙绅全书》咸丰四年春
主簿驻苏家桥	钟　沅	浙江萧山人	监生	《缙绅全书》咸丰四年春
交大主簿	石　锷	河南祥符人	监生	《缙绅全书》咸丰四年春

职官	人名	籍贯	出身	出处及在职时间
典史	顾立元	江苏吴县人	监生	《缙绅全书》咸丰四年春
知县	李在庚	山西河津人	监生	《缙绅全书》咸丰四年
教谕	谢灯	保定人	举人	《缙绅全书》咸丰四年
复设训导	李遇清	永平人	廪贡	《缙绅全书》咸丰四年
主薄驻苏家桥	锺景	浙江海宁人	供事	《缙绅全书》咸丰四年
交大主薄	唐思钧	浙江山阴人	监生	《缙绅全书》咸丰四年
典史	陆鸣銮	浙江嘉兴人	监生	《缙绅全书》咸丰四年
知县	高锡康	江苏秦州人	拔贡，八旗教习，乙酉科举人	《民国文安县志》咸丰四年
备注：《民国文安县志》记载为该年该人在任。				

职官	人名	籍贯	出身	出处及在职时间
知县	李在庚	山西人	监生	《民国文安县志》咸丰五年
备注：《爵秩全览》咸丰六年春中记载该人出身为监生。				
知县	李在庚	山西河津人	监生	《爵秩全览》咸丰六年春
教谕	谢灯	保定府人	举人	《爵秩全览》咸丰六年春
复设训导	李遇清	永平府人	廪贡	《爵秩全览》咸丰六年春
主薄驻苏家桥	锺景	浙江海宁人	供事	《爵秩全览》咸丰六年春
典史	王凤冈	浙江山阴人	监生	《爵秩全览》咸丰六年春
知县加一级	李在庚	山西河津人	监生	《缙绅全书》咸丰六年春
教谕	谢灯	保定人	举人	《缙绅全书》咸丰六年春

职官	人名	籍贯	出身	出处及在职时间
复设训导	李遇清	永平人	廪贡	《缙绅全书》咸丰六年春
主薄驻苏家桥	锺景	浙江海宁人	供事	《缙绅全书》咸丰六年春
交大主薄	李生华	甘肃皋兰人	吏员	《缙绅全书》咸丰六年春
典史	王凤冈	浙江山阴人	监生	《缙绅全书》咸丰六年春
知县	潘履恒	奉天甯远人	拔贡	《爵秩全览》咸丰六年夏
教谕	马书升	保定府人	举人	《爵秩全览》咸丰六年夏
复设训导	王理浮	永平府人	廪贡	《爵秩全览》咸丰六年夏
主薄驻苏家桥	张光锷	江苏阳湖人	监生	《爵秩全览》咸丰六年夏
交大管河主薄	李生华	甘肃皋兰人	吏员	《爵秩全览》咸丰六年夏

职官	人名	籍贯	出身	出处及在职时间
典史	师　震	山西太平人	监生	《爵秩全览》咸丰六年夏
知县	樊作栋		吏员	《民国文安县志》咸丰六年
知县	潘履恒	甯远人	拔贡	《民国文安县志》咸丰六年
教谕	马书升	保定府人	举人	《爵秩全览》咸丰七年秋
复设训导	李遇清	永平府人	廪贡	《爵秩全览》咸丰七年秋
主薄驻苏家桥	张光锷	江苏阳湖人	监生	《爵秩全览》咸丰七年秋
交大管河主薄	李生华	甘肃皋兰人	吏员	《爵秩全览》咸丰七年秋
典史	王凤冈	浙江山阴人	监生	《爵秩全览》咸丰七年秋
教谕	谢　灯	保定府人	举人	《爵秩全览》咸丰七年冬

职官	人名	籍贯	出身	出处及在职时间
复设训导	李遇清	永平府人	廪贡	《爵秩全览》咸丰七年冬
交大管河主薄	李生华	甘肃皋兰人	吏员	《爵秩全览》咸丰七年冬
典史	王凤冈	浙江山阴人	监生	《爵秩全览》咸丰七年冬
知县	杨应枚	云南广南人	举人	《民国文安县志》咸丰七年
典史	毛桂荣			《民国文安县志》咸丰七年
知县加一级	潘履恒	甯远人	拔贡	《缙绅全书》咸丰八年冬
教谕	马书升	保定人	举人	《缙绅全书》咸丰八年冬
复设训导	王理浮	永平人	廪贡	《缙绅全书》咸丰八年冬
主薄驻苏家桥		江苏阳湖人	监生	《缙绅全书》咸丰八年冬

职官	人名	籍贯	出身	出处及在职时间
交大主薄	李生华	甘肃皋兰人	吏员	《缙绅全书》咸丰八年冬
典史	师 震	山西太平人	监生	《缙绅全书》咸丰八年冬
知县加一级	潘履恒	奉天甯远人	拔贡	《缙绅全书》咸丰九年夏
教谕	马书升	保定人	举人	《缙绅全书》咸丰九年夏
复设训导	王理浮	永平人	廪贡	《缙绅全书》咸丰九年夏
主薄驻苏家桥	茅光耀	浙江山阴人	监生	《缙绅全书》咸丰九年夏
交大主薄	李生华	甘肃皋兰人	吏员	《缙绅全书》咸丰九年夏
典史		山西太平人	监生	《缙绅全书》咸丰九年夏
知县		奉天甯远人	监生	《缙绅全书》咸丰十年秋

职官	人名	籍贯	出身	出处及在职时间
教谕	马书升	保定人	举人	《缙绅全书》咸丰十年秋
复设训导	王理浮	永平人	廪贡	《缙绅全书》咸丰十年秋
主薄驻苏家桥	茅光耀	浙江山阴人	监生	《缙绅全书》咸丰十年秋
交大主薄	李生华	甘肃皋兰人	吏员	《缙绅全书》咸丰十年秋
典史	朱宝堂	浙江山阴人	拔贡	《缙绅全书》咸丰十年秋
备注：《民国文安县志》记载该人地方为奉天承德。				
知县		奉天甯远人	监生	《缙绅全书》咸丰十年
教谕	马书升	保定人	举人	《缙绅全书》咸丰十年
复设训导	王理浮	永平人	廪贡	《缙绅全书》咸丰十年

职官	人名	籍贯	出身	出处及在职时间
主薄驻苏家桥	茅光耀	浙江山阴人	监生	《缙绅全书》咸丰十年
交大主薄	李生华	甘肃皋兰人	吏员	《缙绅全书》咸丰十年
典史	朱宝堂	浙江山阴人	拔贡	《缙绅全书》咸丰十年
典史	史昭恭			《民国文安县志》咸丰十年
知县	耿垂绅	山西平定州人	道光己亥科举人	《民国文安县志》咸丰十一年
知县	邹在人	浙江钱塘人		《民国文安县志》咸丰十一年
教谕	张鹤龄	青县人	道光己酉科举人	《民国文安县志》同治初年
备注：《缙绅全书》同治四年夏、《爵秩全览》同治六年春中记载该人为天津人。				
千总	王恩荣	天津人		《民国文安县志》同治初年

职官	人名	籍贯	出身	出处及在职时间
知县	唐 钺	浙江山阴人	军功	《民国文安县志》同治二年
知县	曹大俊	河南固始人	道光甲辰科举人，咸丰丙辰科进士	《民国文安县志》同治二年
典史	潘 济	浙江新安人	例监	《民国文安县志》同治二年
知县加一级	曹大俊	河南固始人	进士	《缙绅全书》同治四年夏
教谕	张鹤龄	天津人	举人	《缙绅全书》同治四年夏
复设训导	陈百祺	大名人	廪贡	《缙绅全书》同治四年夏
主簿驻苏家桥驻苏家桥	王凤翔	安徽人	监生	《缙绅全书》同治四年夏
交大主簿驻苏家桥	袁 铮	湖北人	监生	《缙绅全书》同治四年夏
典史	夏恩荣	浙江海宁人	监生	《缙绅全书》同治四年夏

职官	人名	籍贯	出身	出处及在职时间
训导	陈百祺	大名府人	廪贡生	《民国文安县志》同治四年
知县	曹大俊	河南固始人	进士	《缙绅全书》同治五年春
教谕	张鹤龄	天津人	举人	《缙绅全书》同治五年春
复设训导	陈百祺	大名人	廪贡	《缙绅全书》同治五年春
主簿驻苏家桥驻苏家桥	王凤翔	安徽人	监生	《缙绅全书》同治五年春
交大主簿驻苏家桥	袁铮	湖北人	监生	《缙绅全书》同治五年春
典史	夏恩荣	浙江海宁人	监生	《缙绅全书》同治五年春
知县	沈庚风	浙江仁和人	监生	《爵秩全览》同治六年春
教谕	张鹤龄	天津人	举人	《爵秩全览》同治六年春

职官	人名	籍贯	出身	出处及在职时间
复设训导	陈百祺	大名人	廪贡	《爵秩全览》同治六年春
交大管河主簿驻苏家桥	汪国桢	江苏上元人	监生	《爵秩全览》同治六年春
典史	夏恩荣	浙江海宁人	监生	《爵秩全览》同治六年春
知县	沈庚风	浙江仁和人	监生	《缙绅全书》同治六年春
教谕	张鹤龄	天津人	举人	《缙绅全书》同治六年春
复设训导	陈百祺	大名人	廪贡	《缙绅全书》同治六年春
主簿驻苏家桥驻苏家桥			监生	《缙绅全书》同治六年春
交大主簿驻苏家桥	袁铮	湖北人	监生	《缙绅全书》同治六年春
典史	夏恩荣	浙江海宁人	监生	《缙绅全书》同治六年春

职官	人名	籍贯	出身	出处及在职时间
知县	沈庚风	浙江仁和人	监生	《缙绅全书》同治六年秋
教谕	张鹤龄	天津人	举人	《缙绅全书》同治六年秋
复设训导	乔永欣	永平人	廪贡	《缙绅全书》同治六年秋
交大主簿驻苏家桥	董承惠	浙江会稽人	监生	《缙绅全书》同治六年秋
主簿驻苏家桥 驻苏家桥	汪国桢	江苏上元人	监生	《缙绅全书》同治六年秋
典史	夏恩荣	浙江海宁人	监生	《缙绅全书》同治六年秋
知县	李应选		进士	《民国文安县志》同治六年
知县	沈庚风		监生	《民国文安县志》同治六年
备注：《缙绅全书》记载该人为沈庚风、出身为监生。				

职官	人名	籍贯	出身	出处及在职时间
知县	沈庚风	浙江仁和人	监生	《缙绅全书》同治八年春
教谕	张鹤龄	天津人	举人	《缙绅全书》同治八年春
复设训导	乔永欣	永平人	廪贡	《缙绅全书》同治八年春
交大主簿驻苏家桥	董承惠	浙江会稽人	监生	《缙绅全书》同治八年春
主簿驻苏家桥驻苏家桥	汪国桢	江苏上元人	监生	《缙绅全书》同治八年春
典史	夏恩荣	浙江海宁人	监生	《缙绅全书》同治八年春
知县加一级		浙江仁和人	监生	《缙绅全书》同治八年冬
教谕	张鹤龄	天津人	举人	《缙绅全书》同治八年冬
复设训导	乔永欣	永昌人	廪贡	《缙绅全书》同治八年冬

职官	人名	籍贯	出身	出处及在职时间
交大主簿驻苏家桥	董承惠	浙江会稽人	监生	《缙绅全书》同治八年冬
主簿驻苏家桥驻苏家桥	汪国桢	江苏上元人	监生	《缙绅全书》同治八年冬
典史	夏恩荣	浙江海宁人	监生	《缙绅全书》同治八年冬
知县	周绍达	浙江绍兴	进士	《民国文安县志》同治八年
知县	刘枝彦	江苏人	供事	《爵秩全览》同治九年春
教谕	张鹤龄	天津人	举人	《爵秩全览》同治九年春
复设训导	乔永欣	永平人	廪贡	《爵秩全览》同治九年春
交大管河主簿驻苏家桥	董承惠	浙江会稽人	监生	《爵秩全览》同治九年春
主簿驻苏家桥驻苏家桥	汪国桢	江苏上元人	监生	《爵秩全览》同治九年春

职官	人名	籍贯	出身	出处及在职时间
典史	夏恩荣	浙江海宁人	监生	《爵秩全览》同治九年春
知县加一级	丁符九	江西九江人	恩贡	《缙绅全书》同治九年夏
复设训导	乔永欣	永平人	廪贡	《缙绅全书》同治九年夏
交大主薄	董承惠	浙江会稽人	监生	《缙绅全书》同治九年夏
教谕	张鹤龄	天津府人	举人	《缙绅全书》同治九年夏
主薄驻苏家桥	汪国桢	江苏上元人	监生	《缙绅全书》同治九年夏
典史	夏恩荣	浙江海宁人	监生	《缙绅全书》同治九年夏
知县	丁符九	江西九江人	恩贡	《爵秩全览》同治九年秋
复设训导	乔永欣	永平人	廪贡	《爵秩全览》同治九年秋

职官	人名	籍贯	出身	出处及在职时间
交大主薄	董承惠	浙江会稽人	监生	《爵秩全览》同治九年秋
教谕	张鹤龄	天津府人	举人	《爵秩全览》同治九年秋
主薄驻苏家桥	汪国桢	江苏上元人	监生	《爵秩全览》同治九年秋
典史	夏恩荣	浙江海宁人	监生	《爵秩全览》同治九年秋
知县加一级	丁符九	江西九江人	恩贡	《缙绅全书》同治九年冬
复设训导	朱紫贵	河间人	廪生	《缙绅全书》同治九年冬
备注：《民国文安县志》记载该人地方为景州。				
交大主薄	董承惠	浙江会稽人	监生	《缙绅全书》同治九年冬
教谕	张鹤龄	天津府人	举人	《缙绅全书》同治九年冬

职官	人名	籍贯	出身	出处及在职时间
主薄驻苏家桥	汪国桢	江苏上元人	监生	《缙绅全书》同治九年冬
典史	夏恩荣	浙江海宁人	监生	《缙绅全书》同治九年冬
知县加一级	丁符九	江西九江人	恩贡	《缙绅全书》同治十年春
复设训导	朱紫贵	河间人	廪生	《缙绅全书》同治十年春
交大主薄		浙江会稽人	监生	《缙绅全书》同治十年春
教谕	张鹤龄	天津府人	举人	《缙绅全书》同治十年春
主薄驻苏家桥	汪国桢	江苏上元人	监生	《缙绅全书》同治十年春
典史	夏恩荣	浙江海宁人	监生	《缙绅全书》同治十年春
知县加一级	丁符九	江西九江人	恩贡	《缙绅全书》同治十年夏

职官	人名	籍贯	出身	出处及在职时间
复设训导	朱紫贵	河间人	廪生	《缙绅全书》同治十年夏
交大主薄		浙江会稽人	监生	《缙绅全书》同治十年夏
教谕	张鹤龄	天津府人	举人	《缙绅全书》同治十年夏
主薄驻苏家桥	汪国桢	江苏上元人	监生	《缙绅全书》同治十年夏
典史	夏恩荣	浙江海宁人	监生	《缙绅全书》同治十年夏
知县	刘枝彦		吏员	《民国文安县志》同治十年
备注：《爵秩全览》中记载该人出身为供事。				
知县	谌命年	江苏上元	进士	《民国文安县志》同治十年
知县	丁符九	江西九江人	恩贡	《民国文安县志》同治十年

职官	人名	籍贯	出身	出处及在职时间
备注：记载该人修县衙。				
知县加一级	丁符九	江西九江人	恩贡	《缙绅全书》同治十一年夏
复设训导	朱紫贵	河间人	廪生	《缙绅全书》同治十一年夏
交大主薄	狄 善	江苏无锡人	供事	《缙绅全书》同治十一年夏
备注：《民国文安县志》中记载该人出身为交大主薄。				
教谕	张鹤龄	天津府人	举人	《缙绅全书》同治十一年夏
主薄驻苏家桥	汪国桢	河南项城人	监生	《缙绅全书》同治十一年夏
典史	夏恩荣	浙江海宁人	监生	《缙绅全书》同治十一年夏
知县加一级	丁符九	江西九江人	恩贡	《缙绅全书》《中枢备览》同治十一年秋

职官	人名	籍贯	出身	出处及在职时间
复设训导	朱紫贵	河间人	廪生	《缙绅全书》《中枢备览》同治十一年秋
交大主薄	狄善	江苏无锡人	供事	《缙绅全书》《中枢备览》同治十一年秋
教谕	张鹤龄	天津府人	举人	《缙绅全书》《中枢备览》同治十一年秋
主薄驻苏家桥	汪国桢	江苏上元人	监生	《缙绅全书》《中枢备览》同治十一年秋
典史	夏恩荣	浙江海宁人	监生	《缙绅全书》《中枢备览》同治十一年秋
知县	管近修	江苏江宁人	咸丰辛亥科举人，己卯科进士	《民国文安县志》同治十一年
知县加一级	丁符九	江西九江人	恩贡	《缙绅全书》同治十二年冬
复设训导	朱紫贵	河间人	廪生	《缙绅全书》同治十二年冬
交大主薄	狄善	江苏无锡人	供事	《缙绅全书》同治十二年冬

职官	人名	籍贯	出身	出处及在职时间
教谕	张鹤龄	天津府人	举人	《缙绅全书》同治十二年冬
主薄驻苏家桥	汪国桢	河南项城人	监生	《缙绅全书》同治十二年冬
典史	夏恩荣	浙江海宁人	监生	《缙绅全书》同治十二年冬
典史	张起鹏			《民国文安县志》同治十二年
知县加一级	丁符九	江西德化人	贡生	《缙绅全书》同治十三年春
教谕	张鹤龄	天津人	举人	《缙绅全书》同治十三年春
复设训导	朱紫贵	河间人	廪贡	《缙绅全书》同治十三年春
主簿驻苏家桥驻苏家桥	汪国桢	河南项城人	监生	《缙绅全书》同治十三年春
交大主簿驻苏家桥	狄善	江苏溧阳人	供事	《缙绅全书》同治十三年春

职官	人名	籍贯	出身	出处及在职时间
典史	夏恩荣	浙江海宁人	监生	《缙绅全书》同治十三年春
知县	丁符九	江西德化人	贡生	《爵秩全览》同治十三年夏
教谕	张鹤龄	天津人	举人	《爵秩全览》同治十三年夏
复设训导	朱紫贵	河间人	廪贡	《爵秩全览》同治十三年夏
主簿驻苏家桥驻苏家桥	汪国桢	河南项城人	监生	《爵秩全览》同治十三年夏
交大管河主簿驻苏家桥	狄 善	江苏溧阳人	供事	《爵秩全览》同治十三年夏
典史	夏恩荣	浙江海宁人	监生	《爵秩全览》同治十三年夏
知县加一级	丁符九	江西德化人	贡生	《缙绅全书》同治十三年秋
教谕	张鹤龄	天津人	举人	《缙绅全书》同治十三年秋

职官	人名	籍贯	出身	出处及在职时间
复设训导	朱紫贵	河间人	廪贡	《缙绅全书》同治十三年秋
主簿驻苏家桥 驻苏家桥	汪国桢	河南项城人	监生	《缙绅全书》同治十三年秋
交大管河主簿 驻苏家桥	狄　善	江苏溧阳人	供事	《缙绅全书》同治十三年秋
典史	夏恩荣	浙江海宁人	监生	《缙绅全书》同治十三年秋
知县加一级	丁符九	江西德化人	贡生	《缙绅全书》同治十三年冬
教谕	张鹤龄	天津人	举人	《缙绅全书》同治十三年冬
复设训导	朱紫贵	河间人	廪贡	《缙绅全书》同治十三年冬
主簿驻苏家桥 驻苏家桥	汪国桢	河南项城人	监生	《缙绅全书》同治十三年冬
交大管河主簿 驻苏家桥	狄　善	江苏溧阳人	供事	《缙绅全书》同治十三年冬

职官	人名	籍贯	出身	出处及在职时间
典史	夏恩荣	浙江海宁人	监生	《缙绅全书》同治十三年冬
知县	丁符九	江西德化人	贡生	《爵秩全览》同治十三年冬
教谕	张鹤龄	天津人	举人	《爵秩全览》同治十三年冬
复设训导	朱紫贵	河间人	廪贡	《爵秩全览》同治十三年冬
主簿驻苏家桥	汪国桢	河南项城人	监生	《爵秩全览》同治十三年冬
交大管河主簿驻苏家桥	狄善	江苏溧阳人	供事	《爵秩全览》同治十三年冬
典史	夏恩荣	浙江海宁人	监生	《爵秩全览》同治十三年冬
知县加一级	丁符九	江西德化人	贡生	《缙绅全书》《中枢备览》同治十三年冬
教谕	张鹤龄	天津人	举人	《缙绅全书》《中枢备览》同治十三年冬

职官	人名	籍贯	出身	出处及在职时间
复设训导	朱紫贵	河间人	廪贡	《缙绅全书》《中枢备览》同治十三年冬
主簿驻苏家桥驻苏家桥	汪国桢	河南项城人	监生	《缙绅全书》《中枢备览》同治十三年冬
交大管河主簿驻苏家桥	狄善	江苏溧阳人	供事	《缙绅全书》《中枢备览》同治十三年冬
典史	夏恩荣	浙江海宁人	监生	《缙绅全书》《中枢备览》同治十三年冬
典史	李灏			《民国文安县志》同治十三年
知县	丁符九	江西德化人	贡生	《爵秩全览》光绪元年夏
教谕	张鹤龄	天津人	举人	《爵秩全览》光绪元年夏
复设训导	朱紫贵	河间人	廪贡	《爵秩全览》光绪元年夏
主簿驻苏家桥驻苏家桥	汪国桢	河南项城人	监生	《爵秩全览》光绪元年夏

职官	人名	籍贯	出身	出处及在职时间
交大管河主簿驻苏家桥	狄　善	江苏溧阳人	供事	《爵秩全览》光绪元年夏
典史	夏恩荣	浙江海宁人	监生	《爵秩全览》光绪元年夏
知县	丁符九	江西德化人	贡生	《爵秩全览》光绪元年秋
教谕	张鹤龄	天津人	举人	《爵秩全览》光绪元年秋
复设训导	朱紫贵	河间人	廪贡	《爵秩全览》光绪元年秋
交大管河主簿驻苏家桥	狄　善	江苏溧阳人	供事	《爵秩全览》光绪元年秋
典史	夏恩荣	浙江海宁人	监生	《爵秩全览》光绪元年秋
知县加一级	丁符九	江西德化人	贡生	《缙绅全书》光绪二年秋
教谕	张鹤龄	天津人	举人	《缙绅全书》光绪二年秋

职官	人名	籍贯	出身	出处及在职时间
复设训导	高鹏程	河间人	廪贡	《缙绅全书》光绪二年秋
主簿驻苏家桥 驻苏家桥	孙鹏万	浙江山阴人	监生	《缙绅全书》光绪二年秋
交大管河主簿 驻苏家桥	狄　善	江苏溧阳人	供事	《缙绅全书》光绪二年秋
典史	夏恩荣	浙江海宁人	监生	《缙绅全书》光绪二年秋
知县	丁符九	江西德化人	贡生	《爵秩全览》光绪二年冬
教谕	张鹤龄	天津人	举人	《爵秩全览》光绪二年冬
复设训导	高鹏程	河间人	廪贡	《爵秩全览》光绪二年冬
主簿驻苏家桥 驻苏家桥	孙鹏万	浙江山阴人	监生	《爵秩全览》光绪二年冬
交大管河主簿 驻苏家桥	狄　善	江苏溧阳人	供事	《爵秩全览》光绪二年冬

职官	人名	籍贯	出身	出处及在职时间
典史	夏恩荣	浙江海宁人	监生	《爵秩全览》光绪二年冬
知县加一级	丁符九	江西德化人	贡生	《缙绅全书》《中枢备览》光绪三年夏
教谕	张鹤龄	天津人	举人	《缙绅全书》《中枢备览》光绪三年夏
复设训导	高鹏程	河间人	廪贡	《缙绅全书》《中枢备览》光绪三年夏
主簿驻苏家桥驻苏家桥	孙鹏万	浙江山阴人	监生	《缙绅全书》《中枢备览》光绪三年夏
交大管河主簿驻苏家桥	狄 善	江苏溧阳人		《缙绅全书》《中枢备览》光绪三年夏
典史	夏恩荣	浙江海宁人	监生	《缙绅全书》《中枢备览》光绪三年夏
知县加一级	张云霈	山东荣城人	举人	《缙绅全书》光绪三年秋
教谕	张鹤龄	天津人	举人	《缙绅全书》光绪三年秋

职官	人名	籍贯	出身	出处及在职时间
复设训导	高鹏程	河间人	廪贡	《缙绅全书》光绪三年秋
主簿驻苏家桥 驻苏家桥	孙鹏万	浙江山阴人	监生	《缙绅全书》光绪三年秋
交大管河主簿 驻苏家桥	狄　善	江苏溧阳人	供事	《缙绅全书》光绪三年秋
典史	夏恩荣	浙江海宁人	监生	《缙绅全书》光绪三年秋
知县	张云霈	山东荣城人	举人	《爵秩全览》光绪三年冬
教谕	张鹤龄	天津人	举人	《爵秩全览》光绪三年冬
复设训导	高鹏程	河间人	廪贡	《爵秩全览》光绪三年冬
主簿驻苏家桥 驻苏家桥	孙鹏万	浙江山阴人	监生	《爵秩全览》光绪三年冬
交大管河主簿 驻苏家桥	狄　善	江苏溧阳人	供事	《爵秩全览》光绪三年冬

职官	人名	籍贯	出身	出处及在职时间
典史	夏恩荣	浙江海宁人	监生	《爵秩全览》光绪三年冬
知县加一级	张云霈	山东荣城人	举人	《缙绅全书》《中枢备览》光绪四年秋
教谕	张鹤龄	天津人	举人	《缙绅全书》《中枢备览》光绪四年秋
复设训导	周世芳	冀州人	廪贡	《缙绅全书》《中枢备览》《民国文安县志》光绪四年秋
主簿驻苏家桥驻苏家桥	孙鹏万	浙江山阴人	监生	《缙绅全书》《中枢备览》光绪四年秋
交大管河主簿驻苏家桥	狄 善	江苏溧阳人	供事	《缙绅全书》《中枢备览》光绪四年秋
典史	夏恩荣	浙江海宁人	监生	《缙绅全书》《中枢备览》光绪四年秋
知县	张云霈	山东荣城人	举人	《爵秩全览》光绪四年冬
教谕	张鹤龄	天津人	举人	《爵秩全览》光绪四年冬

职官	人名	籍贯	出身	出处及在职时间
复设训导	周世芳	冀州人	廪贡	《爵秩全览》光绪四年冬《民国文安县志》
主簿驻苏家桥 驻苏家桥	孙鹏万	浙江山阴人	监生	《爵秩全览》光绪四年冬
交大管河主簿 驻苏家桥	狄　善	江苏溧阳人	供事	《爵秩全览》光绪四年冬
典史	夏恩荣	浙江海宁人	监生	《爵秩全览》光绪四年冬
训导	李升廷	唐山县	岁贡生	《民国文安县志》光绪四年
知县加一级	张云霈	山东荣城人	举人	《缙绅全书》光绪五年春
教谕	张鹤龄	天津人	举人	《缙绅全书》光绪五年春
复设训导	周世芳	冀州人	廪贡	《缙绅全书》光绪五年春
主簿驻苏家桥 驻苏家桥	孙鹏万	浙江山阴人	监生	《缙绅全书》光绪五年春

职官	人名	籍贯	出身	出处及在职时间
交大管河主簿 驻苏家桥	狄　善	江苏溧阳人		《缙绅全书》光绪五年春
典史	夏恩荣	浙江海宁人	监生	《缙绅全书》光绪五年春
知县加一级	张云霈	山东荣城人	举人	《缙绅全书》光绪五年秋
教谕	张鹤龄	天津人	举人	《缙绅全书》光绪五年秋
复设训导	周世芳	冀州人	廪贡	《缙绅全书》光绪五年秋
主簿驻苏家桥 驻苏家桥	孙鹏万	浙江山阴人	监生	《缙绅全书》光绪五年秋
交大管河主簿 驻苏家桥	狄　善	江苏溧阳人	供事	《缙绅全书》光绪五年秋
典史	夏恩荣	浙江海宁人	监生	《缙绅全书》光绪五年秋
知县加一级	张云霈	山东荣城人	举人	《缙绅全书》《中枢备览》光绪 五年冬

职官	人名	籍贯	出身	出处及在职时间
教谕	张鹤龄	天津人	举人	《缙绅全书》《中枢备览》光绪五年冬
复设训导	周世芳	冀州人	廪贡	《缙绅全书》《中枢备览》光绪五年冬
主簿驻苏家桥驻苏家桥	孙万鹏	浙江山阴人	监生	《缙绅全书》《中枢备览》光绪五年冬
交大管河主簿驻苏家桥	狄 善	江苏溧阳人	供事	《缙绅全书》《中枢备览》光绪五年冬
典史		浙江宁州人	监生	《缙绅全书》《中枢备览》光绪五年冬
文案汛千总	王恩溶	直隶人	行伍	《缙绅全书》《中枢备览》光绪五年冬
知县	陈绍谌			《民国文安县志》光绪六年
知县加一级	张云霂	山东荣城人	举人	《缙绅全书》光绪七年春
教谕	张鹤龄	天津人	举人	《缙绅全书》光绪七年春

职官	人名	籍贯	出身	出处及在职时间
复设训导	周世芳	冀州人	廪贡	《缙绅全书》光绪七年春
主簿驻苏家桥 驻苏家桥	孙鹏万	浙江山阴人	监生	《缙绅全书》光绪七年春
交大管河主簿 驻苏家桥	狄　善	江苏溧阳人	供事	《缙绅全书》光绪七年春
典史	王序东	奉天昌图人	吏员	《缙绅全书》光绪七年春
知县	张云霈	山东荣城人	举人	《爵秩全览》光绪七年冬
教谕	张鹤龄	天津人	举人	《爵秩全览》光绪七年冬
复设训导	周世芳	冀州人	廪贡	《爵秩全览》光绪七年冬
主簿驻苏家桥 驻苏家桥	孙鹏万	浙江山阴人	监生	《爵秩全览》光绪七年冬
典史	王序东	奉天昌图人	吏员	《爵秩全览》光绪七年冬

职官	人名	籍贯	出身	出处及在职时间
知县加一级	张云霈	山东荣城人	举人	《缙绅全书》光绪七年冬
教谕	张鹤龄	天津人	举人	《缙绅全书》光绪七年冬
复设训导	周世芳	冀州人	廪贡	《缙绅全书》光绪七年冬
主簿驻苏家桥驻苏家桥	孙鹏万	浙江山阴人	监生	《缙绅全书》光绪七年冬
交大管河主簿驻苏家桥		江苏溧阳人		《缙绅全书》光绪七年冬
典史	王序东	奉天昌图人	吏员	《缙绅全书》光绪七年冬
知县加一级	桂　秀	满洲厢黄旗人	监生	《缙绅全书》光绪八年冬
教谕	张鹤龄	天津人	举人	《缙绅全书》光绪八年冬
复设训导	周世芳	冀州人	廪贡	《缙绅全书》光绪八年冬

职官	人名	籍贯	出身	出处及在职时间
主簿驻苏家桥 驻苏家桥	孙鹏万	浙江山阴人	监生	《缙绅全书》光绪八年冬
交大管河主簿 驻苏家桥	蔡承启	浙江嘉善人	监生	《缙绅全书》光绪八年冬
典史	王序东	奉天昌图人	吏员	《缙绅全书》光绪八年冬
知县	殷谦	贵州	戊辰科 进士	《民国文安县志》光绪九年
知县	孙锡康	浙江归安县人	荫生	《爵秩全览》光绪十年夏
教谕	张鹤龄	天津人	举人	《爵秩全览》光绪十年夏
复设训导	周世芳	冀州人	廪贡	《爵秩全览》光绪十年夏
主簿驻苏家桥 驻苏家桥	孙鹏万	浙江山阴人	监生	《爵秩全览》光绪十年夏
交大管河主簿 驻苏家桥	蔡承启	浙江嘉善人	监生	《爵秩全览》光绪十年夏

职官	人名	籍贯	出身	出处及在职时间
典史	王序东	奉天昌图人	吏员	《爵秩全览》光绪十年夏
知县	孙锡康	浙江归安县人	荫生	《爵秩全览》光绪十年秋
教谕	张鹤龄	天津人	举人	《爵秩全览》光绪十年秋
复设训导	周世芳	冀州人	廪贡	《爵秩全览》光绪十年秋
主簿驻苏家桥驻苏家桥	孙鹏万	浙江山阴人	监生	《爵秩全览》光绪十年秋
交大管河主簿驻苏家桥	蔡承启	浙江嘉善人	监生	《爵秩全览》光绪十年秋
典史	王序东	奉天昌图人	吏员	《爵秩全览》光绪十年秋
复设训导	吴培源	定州人	拔贡	《民国文安县志》光绪十年
知县	孙锡康	浙江归安县人	荫生	《爵秩全览》光绪十一年春

职官	人名	籍贯	出身	出处及在职时间
教谕	张鹤龄	天津人	举人	《爵秩全览》光绪十一年春
复设训导	周世芳	冀州人	廪贡	《爵秩全览》光绪十一年春
主簿驻苏家桥 驻苏家桥	孙鹏万	浙江山阴人	监生	《爵秩全览》光绪十一年春
交大管河主簿 驻苏家桥	蔡承啟	浙江嘉善人	监生	《爵秩全览》光绪十一年春
典史	王序东	奉天昌图人	吏员	《爵秩全览》光绪十一年春
知县	孙锡康	浙江归安县人	荫生	《爵秩全览》光绪十一年夏
教谕	张鹤龄	天津人	举人	《爵秩全览》光绪十一年夏
复设训导	周世芳	冀州人	廪贡	《爵秩全览》光绪十一年夏
主簿驻苏家桥 驻苏家桥	孙鹏万	浙江山阴人	监生	《爵秩全览》光绪十一年夏

职官	人名	籍贯	出身	出处及在职时间
交大管河主簿 驻苏家桥	蔡承启	浙江嘉善人	监生	《爵秩全览》光绪十一年夏
典史	王序东	奉天昌图人	吏员	《爵秩全览》光绪十一年夏
知县	孙锡康	浙江归安县人	荫生	《爵秩全览》光绪十一年秋
教谕	张鹤龄	天津人	举人	《爵秩全览》光绪十一年秋
复设训导	吴培源	定州人	拔贡	《爵秩全览》光绪十一年秋
主簿驻苏家桥 驻苏家桥	孙鹏万	浙江山阴人	监生	《爵秩全览》光绪十一年秋
交大管河主簿 驻苏家桥	蔡承启	浙江嘉善人	监生	《爵秩全览》光绪十一年秋
典史	王序东	奉天昌图人	吏员	《爵秩全览》光绪十一年秋
教谕	齐文蔚	保定府高阳县	光绪癸酉科举人	《民国文安县志》光绪十一年

职官	人名	籍贯	出身	出处及在职时间
知县	孙锡康	浙江归安县人	荫生	《爵秩全览》光绪十二年夏
教谕	齐文蔚	保定府人	举人	《爵秩全览》光绪十二年夏
复设训导	吴培源	定州人	拔贡	《爵秩全览》光绪十二年夏
主簿驻苏家桥 驻苏家桥	孙鹏万	浙江山阴人	监生	《爵秩全览》光绪十二年夏
交大管河主簿 驻苏家桥	蔡承啟	浙江嘉善人	监生	《爵秩全览》光绪十二年夏
典史	王序东	奉天昌图人	吏员	《爵秩全览》光绪十二年夏
知县	孙锡康	浙江归安县人	荫生	《缙绅全书》光绪十二年秋
教谕	齐文蔚	保定府人	举人	《缙绅全书》光绪十二年秋
复设训导	吴培源	定州人	举人	《缙绅全书》光绪十二年秋

职官	人名	籍贯	出身	出处及在职时间
主簿驻苏家桥 驻苏家桥	孙鹏万	浙江山阴人	监生	《缙绅全书》光绪十二年秋
交大管河主簿 驻苏家桥	蔡承启	浙江嘉善人	监生	《缙绅全书》光绪十二年秋
典史		奉天人	吏员	《缙绅全书》光绪十二年秋
知县	王言昌	贵州	举人	《民国文安县志》光绪十二年
知县	孙锡康	浙江归安县人	荫生	《爵秩全览》光绪十三年春
教谕	齐文蔚	保定府人	举人	《爵秩全览》光绪十三年春
复设训导	吴培源	定州人	拔贡	《爵秩全览》光绪十三年春
主簿驻苏家桥 驻苏家桥	孙鹏万	浙江山阴人	监生	《爵秩全览》光绪十三年春
交大管河主簿 驻苏家桥	蔡承启	浙江嘉善人	监生	《爵秩全览》光绪十三年春

职官	人名	籍贯	出身	出处及在职时间
典史	陆邦彦	浙江萧山人	监生	《爵秩全览》光绪十三年春
知县	孙锡康	浙江归安县人	荫生	《缙绅全书》《中枢备览》光绪十三年夏
教谕	齐文蔚	保定府人	举人	《缙绅全书》《中枢备览》光绪十三年夏
复设训导	吴培源	定州人	拔贡	《缙绅全书》《中枢备览》光绪十三年夏
主簿驻苏家桥驻苏家桥	孙鹏万	浙江山阴人	监生	《缙绅全书》《中枢备览》光绪十三年夏
交大管河主簿驻苏家桥	蔡承启	浙江嘉善人	监生	《缙绅全书》《中枢备览》光绪十三年夏
典史	陆邦彦	浙江萧山人	监生	《缙绅全书》《中枢备览》光绪十三年夏
知县	孙锡康	浙江归安县人	荫生	《缙绅全书》光绪十三年冬
教谕	齐文蔚	保定府人	举人	《缙绅全书》光绪十三年冬

职官	人名	籍贯	出身	出处及在职时间
复设训导	吴培源	定州人	举人	《缙绅全书》光绪十三年冬
主簿驻苏家桥 驻苏家桥	孙鹏万	浙江山阴人	监生	《缙绅全书》光绪十三年冬
交大管河主簿 驻苏家桥	蔡承啟	浙江嘉善人	监生	《缙绅全书》光绪十三年冬
典史	陆邦彦	浙江萧山人	监生	《缙绅全书》光绪十三年冬
知县	张邦庆	山东东昌府聊城县人	廪贡生	《民国文安县志》光绪十三年
知县	赖永恭	四川人	举人	《缙绅全书》光绪十四年夏
教谕	齐文蔚	保定府人	举人	《缙绅全书》光绪十四年夏
复设训导	吴培源	定州人	拔贡	《缙绅全书》光绪十四年夏
主簿驻苏家桥 驻苏家桥	孙鹏万	浙江山阴人	监生	《缙绅全书》光绪十四年夏

职官	人名	籍贯	出身	出处及在职时间
交大管河主簿驻苏家桥	蔡承啟	浙江嘉善人	监生	《缙绅全书》光绪十四年夏
典史	陆邦彦	浙江萧山人	监生	《缙绅全书》光绪十四年夏
知县	赖永恭	四川人	举人	《爵秩全览》光绪十四年冬
教谕	齐文蔚	保定府人	举人	《爵秩全览》光绪十四年冬
复设训导	吴培源	定州人	拔贡	《爵秩全览》光绪十四年冬
交大管河主簿驻苏家桥	蔡承啟	浙江嘉善人	监生	《爵秩全览》光绪十四年冬
典史	陆邦彦	浙江萧山人	监生	《爵秩全览》光绪十四年冬
知县	赖永恭	四川人	举人	《爵秩全览》《民国文安县志》光绪十五年夏
教谕	齐文蔚	保定府人	举人	《爵秩全览》光绪十五年夏

职官	人名	籍贯	出身	出处及在职时间
复设训导	吴培源	定州人	拔贡	《爵秩全览》光绪十五年夏
交大管河主簿驻苏家桥	蔡承启	浙江嘉善人	监生	《爵秩全览》光绪十五年夏
典史	陆邦彦	浙江萧山人	监生	《爵秩全览》光绪十五年夏
教谕	齐文蔚	保定府人	举人	《爵秩全览》光绪十五年秋
复设训导	吴培源	定州人	拔贡	《爵秩全览》光绪十五年秋
主簿驻苏家桥驻苏家桥	李家驹	保定府人	举人	《爵秩全览》光绪十五年秋
备注：《爵秩全览》光绪二十三年冬中记载该人为保定人出身为举人《《缙绅全书》光绪二十一年冬中记载该人出身为文童。				
交大管河主簿驻苏家桥	蔡承启	浙江嘉善人	监生	《爵秩全览》光绪十五年秋
典史	陆邦彦	浙江萧山人	监生	《爵秩全览》光绪十五年秋

职官	人名	籍贯	出身	出处及在职时间
复设训导	吴培源	定州人	拔贡	《爵秩全览》光绪十五年冬
交大管河主薄	蔡承启	浙江嘉善人	监生	《爵秩全览》光绪十五年冬
教谕	齐文蔚	保定府人	举人	《爵秩全览》光绪十五年冬
主薄驻苏家桥	李家驹	江西庐陵人		《爵秩全览》光绪十五年冬
典史	陆邦彦	浙江萧山人	监生	《爵秩全览》光绪十五年冬
知县	钱锡寀	浙江杭州府仁和县	癸酉科举人	《民国文安县志》光绪十五年
知县		四川华阳人		《缙绅全书》光绪十六年春
复设训导	吴培源	定州人	举人	《缙绅全书》光绪十六年春
交大管河主薄	蔡承启	浙江嘉善人	监生	《缙绅全书》光绪十六年春

职官	人名	籍贯	出身	出处及在职时间
教谕	齐文蔚	保定府人	举人	《缙绅全书》光绪十六年春
主薄驻苏家桥	李家驹	江西庐陵人		《缙绅全书》光绪十六年春
典史	陆邦彦	浙江萧山人	监生	《缙绅全书》光绪十六年春
知县	杨怀震	广西永淳人	廪贡	《缙绅全书》光绪十六年冬
复设训导	吴培源	定州人	拔贡	《缙绅全书》光绪十六年冬
交大管河主薄	蔡承啟	浙江嘉善人	监生	《缙绅全书》光绪十六年冬
教谕	齐文蔚	保定府人	举人	《缙绅全书》光绪十六年冬
主薄驻苏家桥	李家驹	江西庐陵人	监生	《缙绅全书》光绪十六年冬
典史	陆邦彦	浙江萧山人	监生	《缙绅全书》光绪十六年冬

职官	人名	籍贯	出身	出处及在职时间
知县	杨怀震	广西永淳人	进士	《爵秩全览》光绪十八年春
复设训导	吴培源	定州人	拔贡	《爵秩全览》光绪十八年春
交大管河主薄	蔡承啟	浙江嘉善人	监生	《爵秩全览》光绪十八年春
教谕	齐文蔚	保定府人	举人	《爵秩全览》光绪十八年春
主薄驻苏家桥	李家驹	江西庐陵人		《爵秩全览》光绪十八年春
典史	陆邦彦	浙江萧山人	监生	《爵秩全览》光绪十八年春
知县	杨怀震	广西永淳人	进士	《爵秩全览》光绪十八年秋
复设训导	吴培源	定州人	拔贡	《爵秩全览》光绪十八年秋
交大管河主薄	蔡承啟	浙江嘉善人	监生	《爵秩全览》光绪十八年秋

职官	人名	籍贯	出身	出处及在职时间
教谕	齐文蔚	保定府人	举人	《爵秩全览》光绪十八年秋
主薄驻苏家桥	李家驹	江西庐陵人		《爵秩全览》光绪十八年秋
典史	陆邦彦	浙江萧山人	监生	《爵秩全览》光绪十八年秋
知县	杨怀震	广西永淳人	进士	《爵秩全览》光绪十八年冬
复设训导	吴培源	定州人	拔贡	《爵秩全览》光绪十八年冬
交大管河主薄	蔡承啟	浙江嘉善人	监生	《爵秩全览》光绪十八年冬
教谕	齐文蔚	保定府文	举人	《爵秩全览》光绪十八年冬
主薄驻苏家桥	李家驹	江西庐陵人		《爵秩全览》光绪十八年冬
典史	陆邦彦	浙江萧山人	监生	《爵秩全览》光绪十八年冬

职官	人名	籍贯	出身	出处及在职时间
知县	刘 焌			《民国文安县志》光绪十八年
知县	杨怀震	广西永淳人	进士	《缙绅全书》光绪十九年春
复设训导	吴培源	定州人	举人	《缙绅全书》光绪十九年春
交大管河主薄	蔡承启	浙江嘉善人	监生	《缙绅全书》光绪十九年春
教谕	齐文蔚	保定府人	举人	《缙绅全书》光绪十九年春
主薄驻苏家桥	李家驹	江西庐陵人		《缙绅全书》光绪十九年春
典史	陆邦彦	浙江萧山人	监生	《缙绅全书》光绪十九年春
知县	杨怀震	广西永淳人	进士	《爵秩全览》光绪十九年夏
复设训导	吴培源	定州人	拔贡	《爵秩全览》光绪十九年夏

职官	人名	籍贯	出身	出处及在职时间
交大管河主薄	蔡承啟	浙江嘉善人	监生	《爵秩全览》光绪十九年夏
教谕	齐文蔚	保定府人	举人	《爵秩全览》光绪十九年夏
主薄驻苏家桥	李家驹	江西庐陵人		《爵秩全览》光绪十九年夏
典史	陆邦彦	浙江萧山人	监生	《爵秩全览》光绪十九年夏
知县	杨怀震	广西永淳人	进士	《爵秩全览》光绪十九年秋
教谕	齐文蔚	保定府人	举人	《爵秩全览》光绪十九年秋
复设训导	吴培源	定州人	拔贡	《爵秩全览》光绪十九年秋
主薄驻苏家桥	李家驹	江西卢陵人		《爵秩全览》光绪十九年秋
交大管河主薄	蔡承啟	浙江嘉善人	监生	《爵秩全览》光绪十九年秋

职官	人名	籍贯	出身	出处及在职时间
典史	陆邦彦	浙江萧山人	监生	《爵秩全览》光绪十九年秋
知县	杨怀震	广西永淳人	进士	《缙绅全书》光绪十九年冬
教谕	齐文蔚	保定人	举人	《缙绅全书》光绪十九年冬
复设训导	吴培源	定州人	拔贡	《缙绅全书》光绪十九年冬
主薄驻苏家桥	李家驹	江西卢陵人		《缙绅全书》光绪十九年冬
交大管河主薄	蔡承啟	浙江嘉善人	监生	《缙绅全书》光绪十九年冬
典史	陆邦彦	浙江萧山人	监生	《缙绅全书》光绪十九年冬
知县	杨怀震	广西永淳人	进士	《爵秩全览》光绪十九年冬
教谕	齐文蔚	保定府人	举人	《爵秩全览》光绪十九年冬

职官	人名	籍贯	出身	出处及在职时间
复设训导	吴培源	定州人	拔贡	《爵秩全览》光绪十九年冬
主薄驻苏家桥	李家驹	江西卢陵人		《爵秩全览》光绪十九年冬
交大管河主薄	蔡承启	浙江嘉善人	监生	《爵秩全览》光绪十九年冬
典史	陆邦彦	浙江萧山人	监生	《爵秩全览》光绪十九年冬
知县	范履福	江西人	监生	《民国文安县志》光绪十九年
知县	石赓臣	奉天铁岭县人	监生	《民国文安县志》光绪十九年
知县	杨怀震	广西永淳人	进士	《缙绅全书》《中枢备览》光绪二十年夏
教谕	齐文蔚	保定人	举人	《缙绅全书》《中枢备览》光绪二十年夏
复设训导	吴培源	定州人	举人	《缙绅全书》《中枢备览》光绪二十年夏

职官	人名	籍贯	出身	出处及在职时间
主薄驻苏家桥	李家驹	江西卢陵人		《缙绅全书》《中枢备览》光绪二十年夏
交大管河主薄	蔡承启	浙江嘉善人	监生	《缙绅全书》《中枢备览》光绪二十年夏
典史	陆邦彦	浙江萧山人	监生	《缙绅全书》《中枢备览》光绪二十年夏
知县	杨怀震	广西永淳人	进士	《爵秩全览》光绪二十年秋
教谕	齐文蔚	保定府人	举人	《爵秩全览》光绪二十年秋
复设训导	吴培源	定州人	拔贡	《爵秩全览》光绪二十年秋
主薄驻苏家桥	李家驹	江西卢陵人		《爵秩全览》光绪二十年秋
交大管河主薄	蔡承启	浙江嘉善人	监生	《爵秩全览》光绪二十年秋
典史	陆邦彦	浙江萧山人	监生	《爵秩全览》光绪二十年秋

职官	人名	籍贯	出身	出处及在职时间
知县	黄开沅			《民国文安县志》光绪二十年
知县	杨怀震	广西永淳人	进士	《爵秩全览》光绪二十一年春
教谕	齐文蔚	保定府人	举人	《爵秩全览》光绪二十一年春
复设训导	吴培源	定州人	拔贡	《爵秩全览》光绪二十一年春
主薄驻苏家桥	李家驹	江西卢陵人		《爵秩全览》光绪二十一年春
交大管河主薄	蔡承启	浙江嘉善人	监生	《爵秩全览》光绪二十一年春
典史	张傅钰	浙江山阴人	监生	《爵秩全览》光绪二十一年春
知县	王万震	四川富顺人	举人	《爵秩全览》光绪二十一年夏
教谕	齐文蔚	保定府人	举人	《爵秩全览》光绪二十一年夏

职官	人名	籍贯	出身	出处及在职时间
复设训导	吴培源	定州人	拔贡	《爵秩全览》光绪二十一年夏
主薄驻苏家桥	李家驹	江西卢陵人		《爵秩全览》光绪二十一年夏
交大管河主薄	蔡承啟	浙江嘉善人	监生	《爵秩全览》光绪二十一年夏
典史	张傅钰	浙江山阴人	监生	《爵秩全览》光绪二十一年夏
知县	张 琨	云南太平人	进士	《爵秩全览》光绪二十一年秋
教谕	齐文蔚	保定府人	举人	《爵秩全览》光绪二十一年秋
复设训导	吴培源	定州人	拔贡	《爵秩全览》光绪二十一年秋
主薄驻苏家桥	李家驹	江西卢陵人		《爵秩全览》光绪二十一年秋
交大管河主薄	蔡承啟	浙江嘉善人	监生	《爵秩全览》光绪二十一年秋

职官	人名	籍贯	出身	出处及在职时间
典史	张傅钰	浙江山阴人	监生	《爵秩全览》光绪二十一年秋
知县	张琨	云南太平人	进士	《缙绅全书》光绪二十一年冬
教谕	刘光祖	河间人	举人	《缙绅全书》光绪二十一年冬
复设训导	赵济德	越州人	廪贡	《缙绅全书》光绪二十一年冬
主薄驻苏家桥	李家驹	江西卢陵人	文童	《缙绅全书》光绪二十一年冬
交大管河主薄	蔡承启	浙江嘉善人	监生	《缙绅全书》光绪二十一年冬
典史	张傅钰	浙江山阴人	监生	《缙绅全书》光绪二十一年冬
知县	林绍清	贵州	举人	《民国文安县志》光绪二十一
教谕	董浚泽	正红旗	举人	《民国文安县志》光绪二十一

职官	人名	籍贯	出身	出处及在职时间
复设训导	赵济德	赵州人	附贡生	《民国文安县志》光绪二十一年
知县	张琨	云南太平人	进士	《爵秩全览》光绪二十二年春
教谕	刘光祖	河间人	举人	《爵秩全览》光绪二十二年春
复设训导	赵济德	越州人	廪贡	《爵秩全览》光绪二十二年春
主薄驻苏家桥	李家驹	江西卢陵人		《爵秩全览》光绪二十二年春
交大管河主薄	蔡承啟	浙江嘉善人	监生	《爵秩全览》光绪二十二年春
典史	张傅钰	浙江山阴人	监生	《爵秩全览》光绪二十二年春
知县	张琨	云南太平人	进士	《缙绅全书》光绪二十二年春
教谕	刘光祖	河间人	举人	《缙绅全书》光绪二十二年春

职官	人名	籍贯	出身	出处及在职时间
复设训导	赵济德	越州人	廪贡	《缙绅全书》光绪二十二年春
主薄驻苏家桥	李家驹	江西卢陵人		《缙绅全书》光绪二十二年春
交大管河主薄	蔡承啟	浙江嘉善人	监生	《缙绅全书》光绪二十二年春
典史	张傅钰	浙江山阴人	监生	《缙绅全书》光绪二十二年春
知县	张 琨	云南太平人	进士	《爵秩全览》光绪二十二年夏
教谕	刘光祖	河间府人	举人	《爵秩全览》光绪二十二年夏
复设训导	赵济德	越州人	廪贡	《爵秩全览》光绪二十二年夏
主薄驻苏家桥	李家驹	江西卢陵人		《爵秩全览》光绪二十二年夏
交大管河主薄	蔡承啟	浙江嘉善人	监生	《爵秩全览》光绪二十二年夏

职官	人名	籍贯	出身	出处及在职时间
典史	张傅钰	浙江山阴人	监生	《爵秩全览》光绪二十二年夏
知县	张琨	云南太平人	进士	《爵秩全览》光绪二十二年秋
教谕	刘光祖	河间人	举人	《爵秩全览》光绪二十二年秋
复设训导	赵济德	越州人	廪贡	《爵秩全览》光绪二十二年秋
主薄驻苏家桥	李家驹	江西卢陵人		《爵秩全览》光绪二十二年秋
交大管河主薄	蔡承啟	浙江嘉善人	监生	《爵秩全览》光绪二十二年秋
典史	张傅钰	浙江山阴人	监生	《爵秩全览》光绪二十二年秋
知县	张琨	云南太平人	进士	《爵秩全览》光绪二十二年冬
教谕	刘光祖	河间府人	举人	《爵秩全览》光绪二十二年冬

职官	人名	籍贯	出身	出处及在职时间
复设训导	高振淇	保定府人	廪贡	《爵秩全览》光绪二十二年冬
备注：《民国文安县志》光绪二十二年中记载出身为附贡生。				
主薄驻苏家桥	李家驹	江西卢陵人		《爵秩全览》光绪二十二年冬
交大管河主薄	蔡承啟	浙江嘉善人	监生	《爵秩全览》光绪二十二年冬
典史	张傅钰	浙江山阴人	监生	《爵秩全览》光绪二十二年冬
知县	韩景儒	江苏	附贡生	《民国文安县志》光绪二十二年
教谕	刘光祖	景州	举人	《民国文安县志》光绪二十二年
训导	高振淇	保定府完县	附贡生	《民国文安县志》光绪二十二年
知县	王舒萼	山西灵石人	进士	《爵秩全览》光绪二十三年夏

职官	人名	籍贯	出身	出处及在职时间
备注：《爵秩全览》光绪二十四年春记载该人出身为监生。				
教谕	刘光祖	河间府人	举人	《爵秩全览》光绪二十三年夏
复设训导	高振淇	保定府人	廪贡	《爵秩全览》光绪二十三年夏
主薄驻苏家桥	李家驹	江西卢陵人		《爵秩全览》光绪二十三年夏
交大管河主薄	蔡承启	浙江嘉善人	监生	《爵秩全览》光绪二十三年夏
典史	张傅钰	浙江山阴人	监生	《爵秩全览》光绪二十三年夏
知县	王舒萼	山西灵石人	进士	《缙绅全书》《中枢备览》光绪二十三年秋
教谕	刘光祖	河间人	举人	《缙绅全书》《中枢备览》光绪二十三年秋
复设训导	高振淇	保定人	廪贡	《缙绅全书》《中枢备览》光绪二十三年秋

职官	人名	籍贯	出身	出处及在职时间
主薄驻苏家桥	李家驹	江西卢陵人		《缙绅全书》《中枢备览》光绪二十三年秋
交大管河主薄	蔡承啟	浙江嘉善人	监生	《缙绅全书》《中枢备览》光绪二十三年秋
典史	张傅钰	浙江山阴人	监生	《缙绅全书》《中枢备览》光绪二十三年秋
知县	王舒葶	山西灵石人	进士	《爵秩全览》光绪二十三年冬
教谕	刘光祖	河间人	举人	《爵秩全览》光绪二十三年冬
复设训导	高振淇	保定人	廪贡	《爵秩全览》光绪二十三年冬
主簿驻苏家桥驻苏家桥	李家驹	保定府人	举人	《爵秩全览》光绪二十三年冬
交大管河主簿驻苏家桥	蔡承啟	浙江嘉善人	监生	《爵秩全览》光绪二十三年冬
典史	张傅钰	浙江山阴人	监生	《爵秩全览》光绪二十三年冬

职官	人名	籍贯	出身	出处及在职时间
知县	王舒萼	山西灵石人	进士	《民国文安县志》光绪二十三年
知县	王舒萼	山西灵石人	进士	《爵秩全览》光绪二十四年春
教谕	刘光祖	河间人	举人	《爵秩全览》光绪二十四年春
复设训导	高振淇	保定人	廪贡	《爵秩全览》光绪二十四年春
主簿驻苏家桥 驻苏家桥	李家驹	保定府人		《爵秩全览》光绪二十四年春
交大管河主簿 驻苏家桥	蔡承啟	浙江嘉善人	监生	《爵秩全览》光绪二十四年春
典史	张傅钰	浙江山阴人	监生	《爵秩全览》光绪二十四年春
知县	王舒萼	山西灵石人	进士	《爵秩全览》光绪二十四年秋
教谕	刘光祖	河间人	举人	《爵秩全览》光绪二十四年秋

职官	人名	籍贯	出身	出处及在职时间
复设训导	高振淇	保定人	廪贡	《爵秩全览》光绪二十四年秋
主簿驻苏家桥 驻苏家桥	李家驹	保定府人		《爵秩全览》光绪二十四年秋
交大管河主簿 驻苏家桥	蔡承啟	浙江嘉善人	监生	《爵秩全览》光绪二十四年秋
典史	张傅钰	浙江山阴人	监生	《爵秩全览》光绪二十四年秋
知县	王舒萼	山西灵石人	进士	《爵秩全览》光绪二十四年冬
教谕	刘光祖	河间人	举人	《爵秩全览》光绪二十四年冬
复设训导	高振淇	保定人	廪贡	《爵秩全览》光绪二十四年冬
主簿驻苏家桥 驻苏家桥	李家驹	保定府人		《爵秩全览》光绪二十四年冬
交大管河主簿 驻苏家桥	蔡承啟	浙江嘉善人	监生	《爵秩全览》光绪二十四年冬

职官	人名	籍贯	出身	出处及在职时间
典史	张傅钰	浙江山阴人	监生	《爵秩全览》光绪二十四年冬
知县	王舒荦	山西灵石人	进士	《缙绅全书》光绪二十四年冬
教谕	刘光祖	河间人	举人	《缙绅全书》光绪二十四年冬
复设训导	高振淇	保定人	廪贡	《缙绅全书》光绪二十四年冬
主簿驻苏家桥 驻苏家桥	李家驹	保定府人		《缙绅全书》光绪二十四年冬
交大管河主簿 驻苏家桥	蔡承啟	浙江嘉善人	监生	《缙绅全书》光绪二十四年冬
典史	张傅钰	浙江山阴人	监生	《缙绅全书》光绪二十四年冬
知县	王舒荦	山西灵石人	进士	《爵秩全览》光绪二十五年春
教谕	刘光祖	河间人	举人	《爵秩全览》光绪二十五年春

职官	人名	籍贯	出身	出处及在职时间
复设训导	高振淇	保定人	廪贡	《爵秩全览》光绪二十五年春
主簿驻苏家桥 驻苏家桥	李家驹	保定府人		《爵秩全览》光绪二十五年春
交大管河主簿 驻苏家桥	蔡承啟	浙江嘉善人	监生	《爵秩全览》光绪二十五年春
典史	张傅钰	浙江山阴人	监生	《爵秩全览》光绪二十五年春
知县	王舒萼	山西灵石人	进士	《缙绅全书》《中枢备览》光绪二十五年春
教谕	刘光祖	河间人	举人	《缙绅全书》《中枢备览》光绪二十五年春
复设训导	高振淇	保定人	廪贡	《缙绅全书》《中枢备览》光绪二十五年春
主簿驻苏家桥 驻苏家桥	李家驹	保定府人		《缙绅全书》《中枢备览》光绪二十五年春
交大管河主簿 驻苏家桥	蔡承啟	浙江嘉善人	监生	《缙绅全书》《中枢备览》光绪二十五年春

职官	人名	籍贯	出身	出处及在职时间
典史	张傅钰	浙江山阴人	监生	《缙绅全书》《中枢备览》光绪二十五年春
知县	王舒蕚	山西灵石人	进士	《爵秩全览》光绪二十五年夏
教谕	刘光祖	河间人	举人	《爵秩全览》光绪二十五年夏
复设训导	高振淇	保定人	廪贡	《爵秩全览》光绪二十五年夏
主簿驻苏家桥驻苏家桥	李家驹	保定府人		《爵秩全览》光绪二十五年夏
交大管河主簿驻苏家桥	蔡承啟	浙江嘉善人	监生	《爵秩全览》光绪二十五年夏
典史	张傅钰	浙江山阴人	监生	《爵秩全览》光绪二十五年夏
知县	王舒蕚	山西灵石人	进士	《缙绅全书》光绪二十五年夏
复设训导	高振淇	保定人	廪贡	《缙绅全书》光绪二十五年夏

职官	人名	籍贯	出身	出处及在职时间
交大管河主薄	蔡承啟	浙江嘉善人	监生	《缙绅全书》光绪二十五年夏
教谕	刘光祖	河间人	举人	《缙绅全书》光绪二十五年夏
主薄驻苏家桥	李家驹	江西庐陵人		《缙绅全书》光绪二十五年夏
典史	张傅钰	浙江山阴人	监生	《缙绅全书》光绪二十五年夏
知县	王舒萼	山西灵石人	进士	《爵秩全览》光绪二十五年秋
复设训导	高振淇	保定人	廪贡	《爵秩全览》光绪二十五年秋
教谕	辛作霖	定州人	副贡	《爵秩全览》光绪二十五年秋 《民国文安县志》
主薄驻苏家桥	李家驹	江西庐陵人		《爵秩全览》光绪二十五年秋
典史	张傅钰	浙江山阴人	监生	《爵秩全览》光绪二十五年秋

职官	人名	籍贯	出身	出处及在职时间
知县	王舒萼	山西灵石人	进士	《缙绅全书》《中枢备览》光绪二十五年冬
复设训导	高振淇	保定人	廪贡	《缙绅全书》《中枢备览》光绪二十五年冬
交大管河主薄		浙江嘉善人	监生	《缙绅全书》《中枢备览》光绪二十五年冬
教谕	辛作霖	定州人	副贡	《缙绅全书》《中枢备览》光绪二十五年冬《民国文安县志》
主薄驻苏家桥	李家驹	江西庐陵人	监生	《缙绅全书》《中枢备览》光绪二十五年冬
典史	张傅钰	浙江山阴人	监生	《缙绅全书》《中枢备览》光绪二十五年冬
知县	王舒萼	山西灵石人	进士	《缙绅全书》《中枢备览》光绪二十六年春
复设训导	高振淇	保定人	廪贡	《缙绅全书》《中枢备览》光绪二十六年春
交大管河主薄	熊友恭	江西铅山人	供事	《缙绅全书》《中枢备览》光绪二十六年春

职官	人名	籍贯	出身	出处及在职时间
备注：《民国文安县志》中记载该人出身为文大主薄。				
教谕	辛作霖	定州人	副贡	《缙绅全书》《中枢备览》光绪二十六年春
主薄驻苏家桥	李家驹	江西庐陵人		《缙绅全书》《中枢备览》光绪二十六年春
典史	张傅钰	浙江山阴人	监生	《缙绅全书》《中枢备览》光绪二十六年春
知县	王舒莩	山西灵石人	进士	《缙绅全书》光绪二十六年夏
复设训导	高振淇	保定人	廪贡	《缙绅全书》光绪二十六年夏
交大管河主薄	熊友恭	江西铅山人	供事	《缙绅全书》光绪二十六年夏
教谕	辛作霖	定州人	副贡	《缙绅全书》光绪二十六年夏
主薄驻苏家桥	李家驹	江西庐陵人		《缙绅全书》光绪二十六年夏

职官	人名	籍贯	出身	出处及在职时间
典史	张傅钰	浙江山阴人	监生	《缙绅全书》光绪二十六年夏
知县	王舒萼	山西灵石人	进士	《爵秩全览》光绪二十六年秋
复设训导	高振淇	保定人	廪贡	《爵秩全览》光绪二十六年秋
交大管河主薄	熊友恭	江西铅山人	供事	《爵秩全览》光绪二十六年秋
教谕	辛作霖	定州人	副贡	《爵秩全览》光绪二十六年秋
主薄驻苏家桥	李家驹	江西庐陵人		《爵秩全览》光绪二十六年秋
典史	张傅钰	浙江山阴人	监生	《爵秩全览》光绪二十六年秋
知县	王舒萼	山西灵石人	进士	《缙绅全书》光绪二十七年春
复设训导	高振淇	保定人	廪贡	《缙绅全书》光绪二十七年春

职官	人名	籍贯	出身	出处及在职时间
交大管河主薄	熊友恭	江西铅山人	供事	《缙绅全书》光绪二十七年春
教谕	辛作霖	定州人	副贡	《缙绅全书》光绪二十七年春
主薄驻苏家桥	李家驹	江西庐陵人		《缙绅全书》光绪二十七年春
典史	张傅钰	浙江山阴人	监生	《缙绅全书》光绪二十七年春
知县	王舒萼	山西灵石人	进士	《爵秩全览》光绪二十七年冬
复设训导	高振淇	保定人	廪贡	《爵秩全览》光绪二十七年冬
交大管河主薄	熊友恭	江西铅山人	供事	《爵秩全览》光绪二十七年冬
教谕	辛作霖	定州人	副贡	《爵秩全览》光绪二十七年冬
主薄驻苏家桥	李家驹	江西庐陵人		《爵秩全览》光绪二十七年冬

职官	人名	籍贯	出身	出处及在职时间
典史	张傅钰	浙江山阴人	监生	《爵秩全览》光绪二十七年冬
知县	王舒萼	山西灵石人	进士	《缙绅全书》《中枢备览》光绪二十七年冬
教谕	辛作霖	定州人	副贡	《缙绅全书》《中枢备览》光绪二十七年冬
复设训导	高振淇	保定人	廪贡	《缙绅全书》《中枢备览》光绪二十七年冬
主簿驻苏家桥驻苏家桥	李家驹	江西庐陵人		《缙绅全书》《中枢备览》光绪二十七年冬
交大管河主簿驻苏家桥	熊友恭	江西铅山人	供事	《缙绅全书》《中枢备览》光绪二十七年冬
典史	张傅钰	浙江山阴人	监生	《缙绅全书》《中枢备览》光绪二十七年冬
文安汛千总	刘云山	天津人	行伍	《缙绅全书》《中枢备览》光绪二十七年冬
知县	王舒萼	山西灵石人	进士	《爵秩全览》光绪二十八年春

职官	人名	籍贯	出身	出处及在职时间
教谕	辛作霖	定州人	副贡	《爵秩全览》光绪二十八年春
复设训导	高振淇	保定人	廪贡	《爵秩全览》光绪二十八年春
主簿驻苏家桥驻苏家桥	李家驹	江西庐陵人		《爵秩全览》光绪二十八年春
交大管河主簿驻苏家桥	熊友恭	江西铅山人	供事	《爵秩全览》光绪二十八年春
典史	张傅钰	浙江山阴人	监生	《爵秩全览》光绪二十八年春
知县	王舒蕚	山西灵石人	进士	《缙绅全书》《中枢备览》光绪二十八年夏
教谕	辛作霖	定州人	副贡	《缙绅全书》《中枢备览》光绪二十八年夏
复设训导	高振淇	保定人	廪贡	《缙绅全书》《中枢备览》光绪二十八年夏
主簿驻苏家桥驻苏家桥	李家驹	江西庐陵人		《缙绅全书》《中枢备览》光绪二十八年夏

职官	人名	籍贯	出身	出处及在职时间
交大管河主簿 驻苏家桥	熊友恭	江西铅山人	供事	《缙绅全书》《中枢备览》光绪 二十八年秋
典史	张傅钰	浙江山阴人	监生	《缙绅全书》《中枢备览》光绪 二十八年秋
文安汛千总	刘云山	天津人	行伍	《缙绅全书》《中枢备览》光绪 二十八年秋
知县	王舒莩	山西灵石人		《爵秩全览》光绪二十八年秋
教谕	辛作霖	定州人	副贡	《爵秩全览》光绪二十八年秋
复设训导	高振淇	保定人	廪贡	《爵秩全览》光绪二十八年秋
主簿驻苏家桥 驻苏家桥	李家驹	江西庐陵人		《爵秩全览》光绪二十八年秋
交大管河主簿 驻苏家桥	熊友恭	江西铅山人	供事	《爵秩全览》光绪二十八年秋
典史	张傅钰	浙江山阴人	监生	《爵秩全览》光绪二十八年秋

职官	人名	籍贯	出身	出处及在职时间
文安汛千总	刘云山	天津人	行伍	《缙绅全书》《中枢备览》光绪二十八年秋
知县	王舒莩	山西灵石人	进士	《缙绅全书》《中枢备览》光绪二十八年冬
教谕	辛作霖	定州人	副贡	《缙绅全书》《中枢备览》光绪二十八年冬
复设训导	高振淇	保定人	廪贡	《缙绅全书》《中枢备览》光绪二十八年冬
主簿驻苏家桥驻苏家桥	李家驹	江西庐陵人		《缙绅全书》《中枢备览》光绪二十八年冬
交大管河主簿驻苏家桥	熊友恭	江西铅山人	供事	《缙绅全书》《中枢备览》光绪二十八年冬
典史	张傅钰	浙江山阴人	监生	《缙绅全书》《中枢备览》光绪二十八年冬
文安汛千总	刘云山	天津人	行伍	《缙绅全书》《中枢备览》光绪二十八年冬
教谕	杜世楷	奉天锦州	举人	《民国文安县志》光绪二十八年

职官	人名	籍贯	出身	出处及在职时间
训导	胡光祖	清苑	举人	《民国文安县志》光绪二十八年
训导	谷太岳		举人	《民国文安县志》光绪二十八年
训导	王理澄	永平府	廪贡生	《民国文安县志》光绪二十八年
知县	王舒尊	山西灵石人	进士	《爵秩全览》光绪二十九年春
教谕	辛作霖	定州人	副贡	《爵秩全览》光绪二十九年春
复设训导	高振淇	保定人	廪贡	《爵秩全览》光绪二十九年春
主簿驻苏家桥	李家驹	江西庐陵人		《爵秩全览》光绪二十九年春
交大管河主簿驻苏家桥	熊友恭	江西铅山人	供事	《爵秩全览》光绪二十九年春
典史	张傅钰	浙江山阴人	监生	《爵秩全览》光绪二十九年春

职官	人名	籍贯	出身	出处及在职时间
文安汛千总	刘云山	天津人	行伍	《缙绅全书》《中枢备览》光绪二十九年春
知县	王舒萼	山西灵石人		《缙绅全书》光绪二十九年夏
教谕	辛作霖	定州人	副贡	《缙绅全书》光绪二十九年夏
复设训导	高振淇	保定人	廪贡	《缙绅全书》光绪二十九年夏
主簿驻苏家桥	李家驹	江西庐陵人		《缙绅全书》光绪二十九年夏
交大管河主簿驻苏家桥	熊友恭	江西铅山人	供事	《缙绅全书》光绪二十九年夏
典史		浙江山阴人	监生	《缙绅全书》光绪二十九年夏
知县	王舒萼	山西灵石人	进士	《爵秩全览》光绪二十九年秋
教谕	辛作霖	定州人	副贡	《爵秩全览》光绪二十九年秋

职官	人名	籍贯	出身	出处及在职时间
复设训导	高振淇	保定人	廪贡	《爵秩全览》光绪二十九年秋
主簿驻苏家桥	李家驹	江西庐陵人		《爵秩全览》光绪二十九年秋
交大管河主簿驻苏家桥	熊友恭	江西铅山人	供事	《爵秩全览》光绪二十九年秋
知县	王舒荨	山西灵石人	进士	《缙绅全书》《中枢备览》光绪二十九年秋
教谕	辛作霖	定州人	副贡	《缙绅全书》《中枢备览》光绪二十九年秋
复设训导	高振淇	保定人	廪贡	《缙绅全书》《中枢备览》光绪二十九年秋
主簿驻苏家桥		江西庐陵人		《缙绅全书》《中枢备览》光绪二十九年秋
交大管河主簿驻苏家桥	熊友恭	江西铅山人	供事	《缙绅全书》《中枢备览》光绪二十九年秋
文安汛千总	刘云山	天津人	行伍	《缙绅全书》《中枢备览》光绪二十九年秋

职官	人名	籍贯	出身	出处及在职时间
知县	王舒莩	山西灵石人	进士	《缙绅全书》《中枢备览》光绪二十九年冬
教谕	杜世楷	锦州人	举人	《缙绅全书》《中枢备览》光绪二十九年冬
复设训导	高振淇	保定人	廪贡	《缙绅全书》《中枢备览》光绪二十九年冬
主簿驻苏家桥		江西庐陵人		《缙绅全书》《中枢备览》光绪二十九年冬
交大管河主簿驻苏家桥	熊友恭	江西铅山人	供事	《缙绅全书》《中枢备览》光绪二十九年冬
典史		浙江山阴人	监生	《缙绅全书》《中枢备览》光绪二十九年冬
文安汛千总	刘云山	天津人	行伍	《缙绅全书》《中枢备览》光绪二十九年冬
知县	曾毓隽	福建	举人	《民国文安县志》光绪二十九年
知县	王舒莩	山西灵石人	进士	《缙绅全书》《中枢备览》光绪三十年春

职官	人名	籍贯	出身	出处及在职时间
教谕	杜世楷	锦州人	举人	《缙绅全书》《中枢备览》光绪三十年春
复设训导	高振淇	保定人	廪贡	《缙绅全书》《中枢备览》光绪三十年春
主簿驻苏家桥	蒋承烈	浙江余姚人	监生	《缙绅全书》《中枢备览》光绪三十年春
备注：《民国文安县志》中记载出身为交文霸主薄。				
交大管河主簿驻苏家桥	熊友恭	江西铅山人	供事	《缙绅全书》《中枢备览》光绪三十年春
典史		浙江山阴人		《缙绅全书》《中枢备览》光绪三十年春
文安汛千总	刘云山	天津人	行伍	《缙绅全书》《中枢备览》光绪三十年春
教谕	杜世楷	锦州人	举人	《爵秩全览》光绪三十年夏
复设训导	高振淇	保定人	廪贡	《爵秩全览》光绪三十年夏

职官	人名	籍贯	出身	出处及在职时间
主簿驻苏家桥	蒋承烈	浙江余姚人	监生	《爵秩全览》光绪三十年夏
交大管河主簿驻苏家桥	熊友恭	江西铅山人	供事	《爵秩全览》光绪三十年夏
典史	邹乃励	浙江山阴人	监生	《爵秩全览》光绪三十年夏
知县		山西灵石人		《缙绅全书》《中枢备览》光绪三十年夏
教谕	杜世楷	锦州人	举人	《缙绅全书》《中枢备览》光绪三十年夏
复设训导	高振淇	保定人	廪贡	《缙绅全书》《中枢备览》光绪三十年夏
主簿驻苏家桥	蒋承烈	浙江余姚人	监生	《缙绅全书》《中枢备览》光绪三十年夏
交大管河主簿驻苏家桥	熊友恭	江西铅山人	供事	《缙绅全书》《中枢备览》光绪三十年夏
典史	邹乃励	浙江山阴人	监生	《缙绅全书》《中枢备览》光绪三十年夏

职官	人名	籍贯	出身	出处及在职时间
文安汛千总	刘云山	天津人	行伍	《缙绅全书》《中枢备览》光绪三十年夏
知县	徐体善	浙江萧山人	监生	《缙绅全书》光绪三十年冬
教谕	杜世楷	锦州人	举人	《缙绅全书》光绪三十年冬
复设训导	高振淇	保定人	廪贡	《缙绅全书》光绪三十年冬
主簿驻苏家桥	蒋承烈	浙江余姚人	监生	《缙绅全书》光绪三十年冬
交大管河主簿驻苏家桥	熊友恭	江西铅山人	供事	《缙绅全书》光绪三十年冬
典史	邹乃励	浙江山阴人	监生	《缙绅全书》光绪三十年冬
知县	郭廷谨	陕西同州府蒲城县	进士	《民国文安县志》光绪三十年
知县	徐体善	浙江萧山人	监生	《缙绅全书》《中枢备览》光绪三十一年春

职官	人名	籍贯	出身	出处及在职时间
复设训导	高振淇	保定人	廪贡	《缙绅全书》《中枢备览》光绪三十一年春
交大管河主薄	熊友恭	江西铅山人	供事	《缙绅全书》《中枢备览》光绪三十一年春
教谕	杜世楷	锦州人	举人	《缙绅全书》《中枢备览》光绪三十一年春
主薄驻苏家桥	蒋承烈	浙江余姚人	监生	《缙绅全书》《中枢备览》光绪三十一年春
典史	邹乃励	浙江山阴人	监生	《缙绅全书》《中枢备览》光绪三十一年春
知县	徐体善	浙江萧山人	监生	《爵秩全览》光绪三十一年夏
复设训导	阎焯卿	保定人	附贡	《爵秩全览》《民国文安县志》光绪三十一年夏
交大管河主薄	熊友恭	江西铅山人	供事	《爵秩全览》光绪三十一年夏
教谕	杜世楷	锦州人	举人	《爵秩全览》光绪三十一年夏

职官	人名	籍贯	出身	出处及在职时间
主薄驻苏家桥	蒋承烈	浙江余姚人	监生	《爵秩全览》光绪三十一年夏
典史	邹乃励	浙江山阴人	监生	《爵秩全览》光绪三十一年夏
知县	徐体善	浙江萧山人	监生	《缙绅全书》《中枢备览》光绪三十一年夏
复设训导	阎焯卿	保定人	附贡	《缙绅全书》《中枢备览》《民国文安县志》光绪三十一年夏
交大管河主薄	熊友恭	江西铅山人	供事	《缙绅全书》《中枢备览》光绪三十一年夏
教谕	杜世楷	锦州人	举人	《缙绅全书》《中枢备览》光绪三十一年夏
主薄驻苏家桥	蒋承烈	浙江余姚人	监生	《缙绅全书》《中枢备览》光绪三十一年夏
典史	邹乃励	浙江山阴人	监生	《缙绅全书》《中枢备览》光绪三十一年夏
知县	徐体善	浙江萧山人	监生	《爵秩全览》光绪三十一年秋

职官	人名	籍贯	出身	出处及在职时间
复设训导	阎焯卿	保定人	附贡	《爵秩全览》《民国文安县志》光绪三十一年秋
交大管河主薄	熊友恭	江西铅山人	供事	《爵秩全览》光绪三十一年秋
教谕	杜世楷	锦州人	举人	《爵秩全览》光绪三十一年秋
主薄驻苏家桥	蒋承烈	浙江余姚人	监生	《爵秩全览》光绪三十一年秋
典史	邹乃励	浙江山阴人	监生	《爵秩全览》光绪三十一年秋
知县	徐体善	浙江萧山人	监生	《爵秩全览》光绪三十一年冬
复设训导	阎焯卿	保定人	附贡	《爵秩全览》《民国文安县志》光绪三十一年冬
交大管河主薄	熊友恭	江西铅山人	供事	《爵秩全览》光绪三十一年冬
教谕	杜世楷	锦州人	举人	《爵秩全览》光绪三十一年冬

职官	人名	籍贯	出身	出处及在职时间
主薄驻苏家桥	蒋承烈	浙江余姚人	监生	《爵秩全览》光绪三十一年冬
典史	邹乃励	浙江山阴人	监生	《爵秩全览》光绪三十一年冬
知县	王以安	浙江杭州府人	附贡生	《民国文安县志》光绪三十一年
知县	何则贤			《民国文安县志》光绪三十一年
千总	张遇顺	山东人		《民国文安县志》光绪三十一年
知县	徐体善	浙江萧山人	监生	《爵秩全览》光绪三十二年春
复设训导	阎焯卿	保定人	附贡	《爵秩全览》光绪三十二年春
交大管河主薄	熊友恭	江西铅山人	供事	《爵秩全览》光绪三十二年春
教谕	杜世楷	锦州人	举人	《爵秩全览》光绪三十二年春

职官	人名	籍贯	出身	出处及在职时间
主薄驻苏家桥	蒋承烈	浙江余姚人	监生	《爵秩全览》光绪三十二年春
典史	邹乃励	浙江山阴人	监生	《爵秩全览》光绪三十二年春
知县	徐体善	浙江萧山人	监生	《缙绅全书》《中枢备览》光绪三十二年春
复设训导	阎焯卿	保定人	附贡	《缙绅全书》《中枢备览》光绪三十二年春
交大管河主薄	熊友恭	江西铅山人	供事	《缙绅全书》《中枢备览》光绪三十二年春
教谕	杜世楷	锦州人	举人	《缙绅全书》《中枢备览》光绪三十二年春
主薄驻苏家桥	蒋承烈	浙江余姚人	监生	《缙绅全书》《中枢备览》光绪三十二年春
典史	邹乃励	浙江山阴人	监生	《缙绅全书》《中枢备览》光绪三十二年春
知县	徐体善	浙江萧山人	监生	《缙绅全书》光绪三十二年夏

职官	人名	籍贯	出身	出处及在职时间
复设训导	阎焯卿	保定人	附贡	《缙绅全书》光绪三十二年夏
交大管河主薄	熊友恭	江西铅山人	供事	《缙绅全书》光绪三十二年夏
教谕	杜世楷	锦州人	举人	《缙绅全书》光绪三十二年夏
主薄驻苏家桥	蒋承烈	浙江余姚人	监生	《缙绅全书》光绪三十二年夏
典史	邹乃励	浙江山阴人	监生	《缙绅全书》光绪三十二年夏
知县		浙江萧山人	监生	《缙绅全书》光绪三十二年秋
复设训导	阎焯卿	保定人	附贡	《缙绅全书》光绪三十二年秋
交大管河主薄	熊友恭	江西铅山人	供事	《缙绅全书》光绪三十二年秋
教谕	杜世楷	锦州人	举人	《缙绅全书》光绪三十二年秋

职官	人名	籍贯	出身	出处及在职时间
主薄驻苏家桥	蒋承烈	浙江余姚人	监生	《缙绅全书》光绪三十二年秋
典史	邹乃励	浙江山阴人	监生	《缙绅全书》光绪三十二年秋
复设训导	阎焯卿	保定人	附贡	《爵秩全览》光绪三十二年冬
交大管河主薄	熊友恭	江西铅山人	供事	《爵秩全览》光绪三十二年冬
教谕	杜世楷	锦州人	举人	《爵秩全览》光绪三十二年冬
主薄驻苏家桥	蒋承烈	浙江余姚人	监生	《爵秩全览》光绪三十二年冬
典史	邹乃励	浙江山阴人	监生	《爵秩全览》光绪三十二年冬
知县	王维琛	山东	监生	《民国文安县志》光绪三十二年
知县	李培之	河南	进士	《民国文安县志》光绪三十二年

职官	人名	籍贯	出身	出处及在职时间
千总	刘锡龄	雄县		《民国文安县志》光绪三十二年
知县	杨同高	山西太谷县人	举人	《爵秩全览》《民国文安县志》光绪三十三年春
复设训导	阎焯卿	保定人	附贡	《爵秩全览》光绪三十三年春
交大管河主薄	熊友恭	江西铅山人	供事	《爵秩全览》光绪三十三年春
教谕	杜世楷	锦州人	举人	《爵秩全览》光绪三十三年春
主薄驻苏家桥	蒋承烈	浙江余姚人	监生	《爵秩全览》光绪三十三年春
典史	邹乃励	浙江山阴人	监生	《爵秩全览》光绪三十三年春
知县	杨同高	山西太古人	举人	《缙绅全书》《中枢备览》《民国文安县志》光绪三十三年夏

职官	人名	籍贯	出身	出处及在职时间
教谕	杜世楷	锦州人	举人	《缙绅全书》《中枢备览》光绪三十三年夏
复设训导	阎焯卿	保定人	附贡	《缙绅全书》《中枢备览》光绪三十三年夏
主薄驻苏家桥	蒋承烈	浙江余姚人	监生	《缙绅全书》《中枢备览》光绪三十三年夏
交大管河主薄	熊友恭	江西铅山人	供事	《缙绅全书》《中枢备览》光绪三十三年夏
典史	邹乃励	浙江山阴人	监生	《缙绅全书》《中枢备览》光绪三十三年夏
知县	杨同高	山西太古人	举人	《爵秩全览》《民国文安县志》光绪三十三年秋
教谕	杜世楷	锦州府人	举人	《爵秩全览》光绪三十三年秋
复设训导	阎焯卿	保定人	附贡	《爵秩全览》光绪三十三年秋

职官	人名	籍贯	出身	出处及在职时间
主薄驻苏家桥	蒋承烈	浙江余姚人	监生	《爵秩全览》光绪三十三年秋
交大管河主薄	熊友恭	江西铅山人	供事	《爵秩全览》光绪三十三年秋
典史	邹乃励	浙江山阴人	监生	《爵秩全览》光绪三十三年秋
知县	杨同高	山西太古人	举人	《爵秩全览》《民国文安县志》光绪三十三年冬
教谕	杜世楷	锦州人	举人	《爵秩全览》光绪三十三年冬
复设训导	阎焯卿	保定府人	附贡	《爵秩全览》光绪三十三年冬
主薄驻苏家桥	蒋承烈	浙江余姚人	监生	《爵秩全览》光绪三十三年冬
交大管河主薄	熊友恭	江西铅山人	供事	《爵秩全览》光绪三十三年冬

职官	人名	籍贯	出身	出处及在职时间
典史	邹乃励	浙江山阴人	监生	《爵秩全览》光绪三十三年冬
知县	唐启禔	广西南宁宣化县	监生	《民国文安县志》光绪三十三年
警察所长	王珍			《民国文安县志》光绪三十三年
知县	杨同高	山西太古人	举人	《爵秩全览》光绪三十四年春
教谕	杜世楷	锦州府人	举人	《爵秩全览》光绪三十四年春
复设训导	阎焯卿	保定府人	附贡	《爵秩全览》光绪三十四年春
主薄驻苏家桥	蒋承烈	浙江余姚人	监生	《爵秩全览》光绪三十四年春
交大管河主薄	熊友恭	江西铅山人	供事	《爵秩全览》光绪三十四年春

职官	人名	籍贯	出身	出处及在职时间
典史	邹乃励	浙江山阴人	监生	《爵秩全览》光绪三十四年春
知县	杨同高	山西太古人	举人	《最新百官绿》光绪三十四年春
苏家桥主薄	蒋承烈	浙江余姚人		《最新百官绿》光绪三十四年春
交大河主薄	熊友恭	江西铅山人	供事	《最新百官绿》光绪三十四年春
典史	邹乃励	浙江山阴人	监生	《最新百官绿》光绪三十四年春
知县	杨同高	山西太古人	举人	《爵秩全览》光绪三十四年夏
教谕	杜世楷	锦州府人	举人	《爵秩全览》光绪三十四年夏
复设训导	阎焯卿	保定府人	附贡	《爵秩全览》光绪三十四年夏

职官	人名	籍贯	出身	出处及在职时间
主薄驻苏家桥	蒋承烈	浙江余姚人	监生	《爵秩全览》光绪三十四年夏
交大管河主薄	熊友恭	江西铅山人	供事	《爵秩全览》光绪三十四年夏
典史	邹乃励	浙江山阴人	监生	《爵秩全览》光绪三十四年夏
教谕	杜世楷	锦州府人	举人	《爵秩全览》光绪三十四年秋
复设训导	阎焯卿	保定府人	附贡	《爵秩全览》光绪三十四年秋
主薄驻苏家桥	蒋承烈	浙江余姚人	监生	《爵秩全览》光绪三十四年秋
交大管河主薄	熊友恭	江西铅山人	供事	《爵秩全览》光绪三十四年秋
典史	邹乃励	浙江山阴人	监生	《爵秩全览》光绪三十四年秋

职官	人名	籍贯	出身	出处及在职时间
教谕	杜世楷	锦州府人	举人	《爵秩全览》光绪三十四年冬
复设训导	阎焯卿	保定府人	附贡	《爵秩全览》光绪三十四年冬
主薄驻苏家桥	蒋承烈	浙江余姚人	监生	《爵秩全览》光绪三十四年冬
交大管河主薄	熊友恭	江西铅山人	供事	《爵秩全览》光绪三十四年冬
典史	邹乃励	浙江山阴人	监生	《爵秩全览》光绪三十四年冬
知县	钱锡宷			《民国文安县志》光绪三十四年
知县	金树棠			《一档馆》光绪三十四年
教谕	杜世楷	锦州府人	举人	《爵秩全览》宣统元年春

职官	人名	籍贯	出身	出处及在职时间
复设训导	阎焯卿	保定府人	附贡	《爵秩全览》宣统元年春
主薄驻苏家桥	蒋承烈	浙江余姚人	监生	《爵秩全览》宣统元年春
交大管河主薄	熊友恭	江西铅山人	供事	《爵秩全览》宣统元年春
典史	邹乃励	浙江山阴人	监生	《爵秩全览》宣统元年春
教谕	杜世楷	锦州府人	举人	《爵秩全览》宣统元年夏
复设训导	阎焯卿	保定府人	附贡	《爵秩全览》宣统元年夏
主薄驻苏家桥	蒋承烈	浙江余姚人	监生	《爵秩全览》宣统元年夏
交大管河主薄	熊友恭	江西铅山人	供事	《爵秩全览》宣统元年夏

职官	人名	籍贯	出身	出处及在职时间
典史	邹乃励	浙江山阴人	监生	《爵秩全览》宣统元年夏
教谕	杜世楷	锦州府人	举人	《爵秩全览》宣统元年秋
复设训导	阎焯卿	保定府人	附贡	《爵秩全览》宣统元年秋
主薄驻苏家桥	蒋承烈	浙江余姚人	监生	《爵秩全览》宣统元年秋
交大管河主薄	熊友恭	江西铅山人	供事	《爵秩全览》宣统元年秋
典史	邹乃励	浙江山阴人	监生	《爵秩全览》宣统元年秋
知县	高文才	四川崇庆州人	监生	《爵秩全览》宣统元年冬
教谕	杜世楷	锦州府人	举人	《爵秩全览》宣统元年冬

职官	人名	籍贯	出身	出处及在职时间
复设训导	阎焯卿	保定府人	附贡	《爵秩全览》宣统元年冬
主薄驻苏家桥	蒋承烈	浙江余姚人	监生	《爵秩全览》宣统元年冬
交大管河主薄	熊友恭	江西铅山人	供事	《爵秩全览》宣统元年冬
典史	邹乃励	浙江山阴人	监生	《爵秩全览》宣统元年冬
知县	高文才	四川人	监生	《缙绅全书》宣统元年冬
教谕	杜世楷	锦州人	举人	《缙绅全书》宣统元年冬
复设训导	阎焯卿	保定人	附贡	《缙绅全书》宣统元年冬
主簿驻苏家桥 驻苏家桥	蒋承烈	浙江余姚人	监生	《缙绅全书》宣统元年冬

职官	人名	籍贯	出身	出处及在职时间
交大管河主簿 驻苏家桥	熊友恭	江西铅山人	供事	《缙绅全书》宣统元年冬
典史	邹乃励	浙江山阴人	监生	《缙绅全书》宣统元年冬
知县	高文才	四川人	监生	《爵秩全览》《民国文安县志》 宣统二年春
教谕	杜世楷	锦州人	举人	《爵秩全览》宣统二年春
复设训导	阎焯卿	保定人	附贡	《爵秩全览》宣统二年春
主簿驻苏家桥 驻苏家桥	蒋承烈	浙江余姚人	监生	《爵秩全览》宣统二年春
交大管河主簿 驻苏家桥	熊友恭	江西铅山人	供事	《爵秩全览》宣统二年春
典史	邹乃励	浙江山阴人	监生	《爵秩全览》宣统二年春

职官	人名	籍贯	出身	出处及在职时间
知县	高文才	四川人	监生	《爵秩全览》《民国文安县志》宣统二年夏
教谕	杜世楷	锦州人	举人	《爵秩全览》宣统二年夏
复设训导	阎焯卿	保定人	附贡	《爵秩全览》宣统二年夏
主簿驻苏家桥驻苏家桥	蒋承烈	浙江余姚人	监生	《爵秩全览》宣统二年夏
交大管河主簿驻苏家桥	熊友恭	江西铅山人	供事	《爵秩全览》宣统二年夏
典史	邹乃励	浙江山阴人	监生	《爵秩全览》宣统二年夏
知县	高文才	四川人	监生	《爵秩全览》《民国文安县志》宣统二年秋
教谕	杜世楷	锦州人	举人	《爵秩全览》宣统二年秋

职官	人名	籍贯	出身	出处及在职时间
复设训导	阎焯卿	保定人	附贡	《爵秩全览》宣统二年秋
主簿驻苏家桥 驻苏家桥	蒋承烈	浙江余姚人	监生	《爵秩全览》宣统二年秋
交大管河主簿 驻苏家桥	熊友恭	江西铅山人	供事	《爵秩全览》宣统二年秋
典史	邹乃励	浙江山阴人	监生	《爵秩全览》宣统二年秋
知县	高文才	四川人	监生	《爵秩全览》《民国文安县志》 宣统二年冬
教谕	杜世楷	锦州人	举人	《爵秩全览》宣统二年冬
主簿驻苏家桥 驻苏家桥	蒋承烈	浙江余姚人	监生	《爵秩全览》宣统二年冬
交大管河主簿 驻苏家桥	熊友恭	江西铅山人	供事	《爵秩全览》宣统二年冬

职官	人名	籍贯	出身	出处及在职时间
典史	邹乃励	浙江山阴人	监生	《爵秩全览》宣统二年冬
知县	董垲	浙江山阴县	监生	《民国文安县志》宣统二年
知县	姚宝炘	浙江嘉兴县	附贡生	《民国文安县志》宣统二年
警察所长	董有声			《民国文安县志》宣统二年
知县	高文才	四川人	监生	《爵秩全览》宣统三年春
教谕	杜世楷	锦州人	举人	《爵秩全览》宣统三年春
主簿驻苏家桥驻苏家桥	蒋承烈	浙江余姚人	监生	《爵秩全览》宣统三年春
交大管河主簿驻苏家桥	熊友恭	江西铅山人	供事	《爵秩全览》宣统三年春

职官	人名	籍贯	出身	出处及在职时间
典史	邹乃励	浙江山阴人	监生	《爵秩全览》宣统三年春
知县	高文才	四川人	监生	《爵秩全览》宣统三年夏
教谕	杜世楷	锦州人	举人	《爵秩全览》宣统三年夏
主簿驻苏家桥 驻苏家桥	蒋承烈	浙江余姚人	监生	《爵秩全览》宣统三年夏
交大管河主簿 驻苏家桥	熊友恭	江西铅山人	供事	《爵秩全览》宣统三年夏
知县	高文才	四川人	监生	《爵秩全览》宣统三年秋
教谕	杜世楷	锦州人	举人	《爵秩全览》宣统三年秋
主簿驻苏家桥 驻苏家桥	蒋承烈	浙江余姚人	监生	《爵秩全览》宣统三年秋

职官	人名	籍贯	出身	出处及在职时间
交大管河主簿 驻苏家桥	熊友恭	江西铅山人	供事	《爵秩全览》宣统三年秋
知县	高文才	四川人	监生	《职官录》宣统三年冬
教谕	杜世楷	锦州人	举人	《职官录》宣统三年冬
主簿驻苏家桥 驻苏家桥	蒋承烈	浙江余姚人	监生	《职官录》宣统三年冬
交大管河主簿 驻苏家桥	熊友恭	江西铅山人	供事	《职官录》宣统三年冬
典史	徐先洲	山东人	附生	《职官录》宣统三年冬
知县	姚佐寅	安徽桐城县	监生	《民国文安县志》宣统三年
知县	高文才	四川人	监生	《职官录》宣统四年春

职官	人名	籍贯	出身	出处及在职时间
教谕	杜世楷	锦州人	举人	《职官录》宣统四年春
主簿驻苏家桥 驻苏家桥	蒋承烈	浙江余姚人	监生	《职官录》宣统四年春
交大管河主簿 驻苏家桥	熊友恭	江西铅山人	供事	《职官录》宣统四年春
典史	徐先洲	山东人	附生	《职官录》宣统四年春
知县	陈怀震			《民国文安县志》
知县	蒋嘉霖	江苏人		《民国文安县志》
知县	张云霈	山东荣城人	举人	《民国文安县志》
知县	王益寿	山东夏津人	优贡生	《民国文安县志》

职官	人名	籍贯	出身	出处及在职时间
知县	谢锡芬			《民国文安县志》
知县	李协中			《民国文安县志》
主薄	王允吉			《民国文安县志》
主薄	张勖会	景州人		《民国文安县志》
主薄	杨在春	江苏吴县人		《民国文安县志》
主薄	逯天锦	山东历城人		《民国文安县志》
主薄	来惟宽	浙江萧县人		《民国文安县志》
主薄	亢如坦		交霸主薄	《民国文安县志》
主薄	毛光耀			《民国文安县志》

职官	人名	籍贯	出身	出处及在职时间
主薄	汪国桢			《民国文安县志》
主薄	狄 善	江苏武进人	交大主薄	《民国文安县志》
主薄	项寿堃		交大主薄	《民国文安县志》
主薄	孙鹏万		交霸主薄	《民国文安县志》
主薄	熊友恭		交大主薄	《民国文安县志》
主薄	蒋承烈	浙江人	交霸主薄	《民国文安县志》
典史	郭永维	山东朝城县人	吏员	《民国文安县志》
典史	周世忠	浙江仁和县人	内阁供事	《民国文安县志》

职官	人名	籍贯	出身	出处及在职时间
典史	沈大用			《民国文安县志》
典史	邵珠			《民国文安县志》
典史	朱宝堂	奉天承德人		《民国文安县志》
典史	蔡如楷			《民国文安县志》
典史	张树勳			《民国文安县志》
教谕	屈如尘	正定府隆平县人	举人	《民国文安县志》
教谕	李训鹤	大名府清豊县人	举人	《民国文安县志》
教谕	郝显荣	宣化府万全县人	举人	《民国文安县志》

职官	人名	籍贯	出身	出处及在职时间
教谕	王美昌	保定府蠡县人	举人	《民国文安县志》
教谕	鹿泰吉	保定府定兴县人	举人	《民国文安县志》
教谕	萧令韶	武邑人	举人	《民国文安县志》
教谕	谷明		举人	《民国文安县志》
教谕	谢灶	保定府人	恩贡生	《民国文安县志》
教谕	李冠卿	高阳县人	举人	《民国文安县志》
训导	杨国柱			《民国文安县志》
训导	夏尚义	奉天府承德县人	例贡	《民国文安县志》

职官	人名	籍贯	出身	出处及在职时间
训导	刘春盘	沧州人	岁贡	《民国文安县志》
训导	吕壬周	大名府人	优贡	《民国文安县志》
训导	任之正	宣化府人	岁贡	《民国文安县志》
训导	王著起	永平府临榆县人	岁贡	《民国文安县志》
训导	石在文	唐县人	嘉庆癸酉科膳録	《民国文安县志》
训导	侍　景	永平府人	嘉庆丁卯科举人	《民国文安县志》
复设训导	朱紫贵	景州人	廪贡	《民国文安县志》
训导	李树桐	深州人	岁贡	《民国文安县志》

职官	人名	籍贯	出身	出处及在职时间
训导	高鹏程	河间人	廪贡	《民国文安县志》
训导	马崐		廪贡	《民国文安县志》
训导	栗瀛源		廪贡	《民国文安县志》
千总	杨有豹		汉军旗人	《民国文安县志》
千总	何 遵	宣化府人		《民国文安县志》
千总	李贵	任丘县人		《民国文安县志》
千总	张鳞			《民国文安县志》
千总	魏成	天津县人		《民国文安县志》

职官	人名	籍贯	出身	出处及在职时间
千总	王伍	新城县人		《民国文安县志》
千总	张云			《民国文安县志》
千总	李文祥			《民国文安县志》
千总	金全义			《民国文安县志》
千总	王炘			《民国文安县志》
千总	董寿源			《民国文安县志》

清代文安职官类表

驻苏家桥官粮主簿

职官	人名	籍贯	出身	出处及在职时间
驻苏家桥官粮主簿	骆龙淇	浙江人	贡生	《缙绅全本》乾隆二十六年秋

主簿驻苏家桥

职官	人名	籍贯	出身	出处及在职时间
主簿驻苏家桥	高自伟	直隶人	贡生	《爵秩全书》乾隆三十年春
主簿驻苏家桥	左学义	湖南人	拔贡	《缙绅全书》《中枢备览》乾隆四十二年秋
主簿驻苏家桥	端木心寅	江苏上元人	监生	《缙绅全书》《中枢备览》乾隆五十三年春
主簿驻苏家桥	薛焜	江苏如皋人	监生	《缙绅全书》嘉庆元年春

职官	人名	籍贯	出身	出处及在职时间
主薄驻苏家桥	洪 钧	安徽歙县人	监生	《缙绅全书》嘉庆二年冬
主薄驻苏家桥	洪 钧	安徽歙县人	监生	《缙绅全书》嘉庆三年秋
主薄驻苏家桥	洪 钧	安徽歙县人	监生	《缙绅全书》嘉庆三年冬
主薄驻苏家桥	洪 钧	安徽歙县人	监生	《缙绅全书》嘉庆五年冬
主薄驻苏家桥	施 铣	浙江山阴人		《缙绅全书》嘉庆九年春
主薄驻苏家桥	何铨绥	山西灵石人	贡生	《缙绅全书》《中枢备览》嘉庆十一年春
主薄驻苏家桥	何铨绥	山西灵石人	贡生	《缙绅全书》嘉庆十一年夏
主薄驻苏家桥	乔巨英	山西太谷人	监生	《缙绅全书》嘉庆十七年秋
主薄驻苏家桥	粟辉楚	湖南长沙人	监生	《缙绅全书》道光七年春

职官	人名	籍贯	出身	出处及在职时间
主薄驻苏家桥	粟辉楚	湖南长沙人	监生	《缙绅全书》道光十年冬
主薄驻苏家桥	李朗煊	江苏人	监生	《缙绅全书》《中枢备览》道光十三年夏
主薄驻苏家桥	李朗煊	江苏人	监生	《缙绅全书》道光十四年春
主薄驻苏家桥	李朗煊	江苏人	监生	《缙绅全书》道光十四年夏
主薄驻苏家桥	司马锺	江苏江宁人	监生	《缙绅全书》《中枢备览》道光十六年夏
主薄驻苏家桥	司马锺	江苏江宁人	监生	《缙绅全书》道光十六年秋
主薄驻苏家桥	司马锺	江苏江宁人	监生	《缙绅全书》《中枢备览》道光十六年冬
主薄驻苏家桥	练夑	福建武平人	监生	《缙绅全书》道光十七年秋
主薄驻苏家桥	练夑	福建武平人	监生	《缙绅全书》道光十八年夏

职官	人名	籍贯	出身	出处及在职时间
主薄驻苏家桥	练夔	福建武平人	监生	《缙绅全书》《爵秩全览》道光十九年夏
主薄驻苏家桥	唐润	江苏江都人		《缙绅全书》道光二十年秋
主薄驻苏家桥	唐润	江苏江都人		《缙绅全书》道光二十年冬
主簿驻苏家桥	唐润	江苏江都人		《缙绅全书》《中枢备览》道光二十二年春
主簿驻苏家桥	王锡振	怀宁人	议叙	《缙绅全书》道光二十二年冬
主簿驻苏家桥	钟沅	浙江萧山人	监生	《缙绅全书》道光二十五年夏
主簿驻苏家桥	钟沅	浙江萧山人	监生	《缙绅全书》道光二十五年秋
主簿驻苏家桥	钟沅	浙江萧山人	监生	《爵秩全览》道光二十六年
主簿驻苏家桥	韩作谋	河南鹿邑人	廪贡	《缙绅全书》道光二十七年夏

职官	人名	籍贯	出身	出处及在职时间
主簿驻苏家桥	韩作谋	河南鹿邑人	廪贡	《缙绅全书》道光二十七年秋
主薄驻苏家桥	韩作谋	河南鹿邑人	庠生	《爵秩全览》道光二十八年夏
主薄驻苏家桥	韩作谋	河南鹿邑人	庠生	《缙绅全书》道光二十八年冬
主薄驻苏家桥	韩作谋	河南鹿邑人	庠生	《缙绅全书》道光二十九年夏
主薄驻苏家桥	锺景	浙江海宁人	供事	《爵秩全览》咸丰元年夏
主薄驻苏家桥	锺景	浙江海宁人	供事	《爵秩全览》咸丰二年冬
主薄驻苏家桥	锺景	浙江海宁人	供事	《缙绅全书》咸丰三年夏
主薄驻苏家桥	钟沅	浙江萧山人	监生	《缙绅全书》咸丰四年春
主薄驻苏家桥	锺景	浙江海宁人	供事	《缙绅全书》咸丰四年

职官	人名	籍贯	出身	出处及在职时间
主薄驻苏家桥	锺 景	浙江海宁人	供事	《爵秩全览》咸丰六年春
主薄驻苏家桥	锺 景	浙江海宁人	供事	《缙绅全书》咸丰六年春
主薄驻苏家桥	张光锷	江苏阳湖人	监生	《爵秩全览》咸丰六年夏
主薄驻苏家桥	张光锷	江苏阳湖人	监生	《爵秩全览》咸丰七年秋
主薄驻苏家桥		江苏阳湖人	监生	《缙绅全书》咸丰八年冬
主薄驻苏家桥	茅光耀	浙江山阴人	监生	《缙绅全书》咸丰九年夏
主薄驻苏家桥	茅光耀	浙江山阴人	监生	《缙绅全书》咸丰十年秋
主薄驻苏家桥	茅光耀	浙江山阴人	监生	《缙绅全书》咸丰十年
主簿驻苏家桥	王凤翔	安徽人	监生	《缙绅全书》同治四年夏

职官	人名	籍贯	出身	出处及在职时间
主簿驻苏家桥	王凤翔	安徽人	监生	《缙绅全书》同治五年春
主簿驻苏家桥			监生	《缙绅全书》同治六年春
主簿驻苏家桥	汪国桢	江苏上元人	监生	《缙绅全书》同治六年秋
主簿驻苏家桥	汪国桢	江苏上元人	监生	《缙绅全书》同治八年春
主簿驻苏家桥	汪国桢	江苏上元人	监生	《缙绅全书》同治八年冬
主簿驻苏家桥	汪国桢	江苏上元人	监生	《爵秩全览》同治九年春
主薄驻苏家桥	汪国桢	江苏上元人	监生	《缙绅全书》同治九年夏
主薄驻苏家桥	汪国桢	江苏上元人	监生	《爵秩全览》同治九年秋
主薄驻苏家桥	汪国桢	江苏上元人	监生	《缙绅全书》同治九年冬

职官	人名	籍贯	出身	出处及在职时间
主薄驻苏家桥	汪国桢	江苏上元人	监生	《缙绅全书》同治十年春
主薄驻苏家桥	汪国桢	江苏上元人	监生	《缙绅全书》同治十年夏
主薄驻苏家桥	汪国桢	河南项城人	监生	《缙绅全书》同治十一年夏
主薄驻苏家桥	汪国桢	江苏上元人	监生	《缙绅全书》《中枢备览》同治十一年秋
主薄驻苏家桥	汪国桢	河南项城人	监生	《缙绅全书》同治十二年冬
主薄驻苏家桥	孙鹏万	浙江山阴人	监生	《爵秩全览》光绪十二年夏
主簿驻苏家桥	孙鹏万	浙江山阴人	监生	《缙绅全书》光绪十二年秋
主簿驻苏家桥	孙鹏万	浙江山阴人	监生	《爵秩全览》光绪十三年春

职官	人名	籍贯	出身	出处及在职时间
主簿驻苏家桥	孙鹏万	浙江山阴人	监生	《缙绅全书》《中枢备览》光绪十三年夏
主簿驻苏家桥	孙鹏万	浙江山阴人	监生	《缙绅全书》光绪十三年冬
主簿驻苏家桥	孙鹏万	浙江山阴人	监生	《缙绅全书》光绪十四年夏
主簿驻苏家桥	李家驹	保定府人	举人	《爵秩全览》光绪十五年秋
备注：《爵秩全览》光绪二十三年冬中记载该人为保定人出身为举人《《缙绅全书》光绪二十一年冬中记载该人出身为文童。				
主薄驻苏家桥	李家驹	江西庐陵人		《爵秩全览》光绪十五年冬
主薄驻苏家桥	李家驹	江西庐陵人		《缙绅全书》光绪十六年春
主薄驻苏家桥	李家驹	江西庐陵人	监生	《缙绅全书》光绪十六年冬

职官	人名	籍贯	出身	出处及在职时间
主薄驻苏家桥	李家驹	江西庐陵人		《爵秩全览》光绪十八年春
主薄驻苏家桥	李家驹	江西庐陵人		《爵秩全览》光绪十八年秋
主薄驻苏家桥	李家驹	江西庐陵人		《爵秩全览》光绪十八年冬
主薄驻苏家桥	李家驹	江西庐陵人		《缙绅全书》光绪十九年春
主薄驻苏家桥	李家驹	江西庐陵人		《爵秩全览》光绪十九年夏
主薄驻苏家桥	李家驹	江西卢陵人		《爵秩全览》光绪十九年秋
主薄驻苏家桥	李家驹	江西卢陵人		《缙绅全书》光绪十九年冬
主薄驻苏家桥	李家驹	江西卢陵人		《爵秩全览》光绪十九年冬
主薄驻苏家桥	李家驹	江西卢陵人		《缙绅全书》《中枢备览》光绪二十年夏

职官	人名	籍贯	出身	出处及在职时间
主薄驻苏家桥	李家驹	江西卢陵人		《爵秩全览》光绪二十年秋
主薄驻苏家桥	李家驹	江西卢陵人		《爵秩全览》光绪二十一年春
主薄驻苏家桥	李家驹	江西卢陵人		《爵秩全览》光绪二十一年夏
主薄驻苏家桥	李家驹	江西卢陵人		《爵秩全览》光绪二十一年秋
主薄驻苏家桥	李家驹	江西卢陵人	文童	《缙绅全书》光绪二十一年冬
主薄驻苏家桥	李家驹	江西卢陵人		《爵秩全览》光绪二十二年春
主薄驻苏家桥	李家驹	江西卢陵人		《缙绅全书》光绪二十二年春
主薄驻苏家桥	李家驹	江西卢陵人		《爵秩全览》光绪二十二年夏
主薄驻苏家桥	李家驹	江西卢陵人		《爵秩全览》光绪二十二年秋

职官	人名	籍贯	出身	出处及在职时间
主薄驻苏家桥	李家驹	江西卢陵人		《爵秩全览》光绪二十二年冬
主薄驻苏家桥	李家驹	江西卢陵人		《爵秩全览》光绪二十三年夏
主薄驻苏家桥	李家驹	江西卢陵人		《缙绅全书》《中枢备览》光绪二十三年秋
主簿驻苏家桥	李家驹	保定府人	举人	《爵秩全览》光绪二十三年冬
主簿驻苏家桥	李家驹	保定府人		《爵秩全览》光绪二十四年春
主簿驻苏家桥	李家驹	保定府人		《爵秩全览》光绪二十四年秋
主簿驻苏家桥	李家驹	保定府人		《爵秩全览》光绪二十四年冬
主簿驻苏家桥	李家驹	保定府人		《缙绅全书》光绪二十四年冬

职官	人名	籍贯	出身	出处及在职时间
主簿驻苏家桥	李家驹	保定府人		《爵秩全览》光绪二十五年春
主簿驻苏家桥	李家驹	保定府人		《缙绅全书》《中枢备览》光绪二十五年春
主簿驻苏家桥	李家驹	保定府人		《爵秩全览》光绪二十五年夏
主簿驻苏家桥	李家驹	江西庐陵人		《缙绅全书》光绪二十五年夏
主簿驻苏家桥	李家驹	江西庐陵人		《爵秩全览》光绪二十五年秋
主簿驻苏家桥	李家驹	江西庐陵人		《缙绅全书》《中枢备览》光绪二十五年冬
主簿驻苏家桥	李家驹	江西庐陵人		《缙绅全书》《中枢备览》光绪二十六年春
主簿驻苏家桥	李家驹	江西庐陵人		《缙绅全书》光绪二十六年夏

职官	人名	籍贯	出身	出处及在职时间
主薄驻苏家桥	李家驹	江西庐陵人		《爵秩全览》光绪二十六年秋
主薄驻苏家桥	李家驹	江西庐陵人		《缙绅全书》光绪二十七年春
主薄驻苏家桥	李家驹	江西庐陵人		《爵秩全览》光绪二十七年冬
主薄驻苏家桥	蒋承烈	浙江余姚人	监生	《缙绅全书》《中枢备览》光绪三十一年春
主薄驻苏家桥	蒋承烈	浙江余姚人	监生	《爵秩全览》光绪三十一年夏
主薄驻苏家桥	蒋承烈	浙江余姚人	监生	《缙绅全书》《中枢备览》光绪三十一年夏
主薄驻苏家桥	蒋承烈	浙江余姚人	监生	《爵秩全览》光绪三十一年秋
主薄驻苏家桥	蒋承烈	浙江余姚人	监生	《爵秩全览》光绪三十一年冬

职官	人名	籍贯	出身	出处及在职时间
主薄驻苏家桥	蒋承烈	浙江余姚人	监生	《爵秩全览》光绪三十二年春
主薄驻苏家桥	蒋承烈	浙江余姚人	监生	《缙绅全书》《中枢备览》光绪三十二年春
主薄驻苏家桥	蒋承烈	浙江余姚人	监生	《缙绅全书》光绪三十二年夏
主薄驻苏家桥	蒋承烈	浙江余姚人	监生	《缙绅全书》光绪三十三年秋
主薄驻苏家桥	蒋承烈	浙江余姚人	监生	《爵秩全览》光绪三十二年冬
主薄驻苏家桥	蒋承烈	浙江余姚人	监生	《爵秩全览》光绪三十三年春
主薄驻苏家桥	蒋承烈	浙江余姚人	监生	《缙绅全书》《中枢备览》光绪三十三年夏
主薄驻苏家桥	蒋承烈	浙江余姚人	监生	《爵秩全览》光绪三十三年秋
主薄驻苏家桥	蒋承烈	浙江余姚人	监生	《爵秩全览》光绪三十三年冬

职官	人名	籍贯	出身	出处及在职时间
主薄驻苏家桥	蒋承烈	浙江余姚人	监生	《爵秩全览》光绪三十四年春
主薄驻苏家桥	蒋承烈	浙江余姚人	监生	《爵秩全览》光绪三十四年夏
主薄驻苏家桥	蒋承烈	浙江余姚人	监生	《爵秩全览》光绪三十四年秋
主薄驻苏家桥	蒋承烈	浙江余姚人	监生	《爵秩全览》光绪三十四年冬
主簿驻苏家桥	蒋承烈	浙江余姚人	监生	《缙绅全书》宣统元年冬
主薄驻苏家桥	蒋承烈	浙江余姚人	监生	《爵秩全览》宣统元年冬
主簿驻苏家桥	蒋承烈	浙江余姚人	监生	《爵秩全览》宣统二年春
主簿驻苏家桥	蒋承烈	浙江余姚人	监生	《爵秩全览》宣统二年夏
主簿驻苏家桥	蒋承烈	浙江余姚人	监生	《爵秩全览》宣统二年秋

职官	人名	籍贯	出身	出处及在职时间
主簿驻苏家桥	蒋承烈	浙江余姚人	监生	《爵秩全览》宣统二年冬
主簿驻苏家桥	蒋承烈	浙江余姚人	监生	《爵秩全览》宣统三年春
主簿驻苏家桥	蒋承烈	浙江余姚人	监生	《爵秩全览》宣统三年夏
主簿驻苏家桥	蒋承烈	浙江余姚人	监生	《爵秩全览》宣统三年秋
主簿驻苏家桥	蒋承烈	浙江余姚人	监生	《职官录》宣统三年冬
主簿驻苏家桥	蒋承烈	浙江余姚人	监生	《职官录》宣统四年春
主簿驻苏家桥	蒋承烈	浙江余姚人	监生	《爵秩全览》宣统元年春
主簿驻苏家桥	蒋承烈	浙江余姚人	监生	《爵秩全览》宣统元年夏

职官	人名	籍贯	出身	出处及在职时间
主簿驻苏家桥	蒋承烈	浙江余姚人	监生	《爵秩全览》宣统元年秋

主 簿

职官	人名	籍贯	出身	出处及在职时间
主簿	刘焕如	浙江人		《民国文安县志》《康熙文安县志》《康熙文安县志》顺治二年
主簿	黄廷铎	镶红旗人	例监	《民国文安县志》《康熙文安县志》康熙三十七年
主簿	高自伟			《民国文安县志》乾隆二十八年
主簿	马廷铨	江苏上元人	例监	《民国文安县志》乾隆三十年
主簿	左学义	湖南人	拔贡	《民国文安县志》乾隆三十六年

职官	人名	籍贯	出身	出处及在职时间
主薄	杨照	福建邵武人	例监	《民国文安县志》乾隆四十四年
主薄	端木心寅	江苏上元人	例监	《民国文安县志》乾隆四十九年
主薄	吴应临	江南长洲人		《民国文安县志》乾隆五十六年
主薄	程若容	浙江嘉善人	监生	《缙绅全书》嘉庆二十一年冬
主薄	程若容	浙江嘉善人	监生	《缙绅全书》（大）嘉庆二十二年冬 《缙绅全书》（小）
主薄驻苏家桥	程若容	浙江嘉善人	监生	《缙绅全书》嘉庆二十五年夏
主薄驻苏家桥	程若容	浙江嘉善人	监生	《缙绅全书》《中枢备览》道光四年夏
主薄驻苏家桥	程若容	浙江嘉善人	监生	《缙绅全书》道光四年夏
主簿驻苏家桥	粟辉楚	湖南长沙人	监生	《爵秩全览》道光六年秋

职官	人名	籍贯	出身	出处及在职时间
主薄驻苏家桥	汪国桢	河南项城人	监生	《缙绅全书》同治十三年春
主薄驻苏家桥	汪国桢	河南项城人	监生	《爵秩全览》同治十三年夏
主薄驻苏家桥	汪国桢	河南项城人	监生	《缙绅全书》同治十三年秋
主薄驻苏家桥	汪国桢	河南项城人	监生	《缙绅全书》同治十三年冬
主薄驻苏家桥	汪国桢	河南项城人	监生	《爵秩全览》同治十三年冬
主薄驻苏家桥	汪国桢	河南项城人	监生	《缙绅全书》《中枢备览》同治十三年冬
主薄驻苏家桥	汪国桢	河南项城人	监生	《爵秩全览》光绪元年夏
主薄驻苏家桥	孙鹏万	浙江山阴人	监生	《缙绅全书》光绪二年秋
主薄驻苏家桥	孙鹏万	浙江山阴人	监生	《爵秩全览》光绪二年冬

职官	人名	籍贯	出身	出处及在职时间
主薄驻苏家桥	孙鹏万	浙江山阴人	监生	《缙绅全书》《中枢备览》光绪三年夏
主薄驻苏家桥	孙鹏万	浙江山阴人	监生	《缙绅全书》光绪三年秋
主薄驻苏家桥	孙鹏万	浙江山阴人	监生	《爵秩全览》光绪三年冬
主薄驻苏家桥	孙鹏万	浙江山阴人	监生	《缙绅全书》《中枢备览》光绪四年秋
主薄驻苏家桥	孙鹏万	浙江山阴人	监生	《爵秩全览》光绪四年冬
主薄驻苏家桥	孙鹏万	浙江山阴人	监生	《缙绅全书》光绪五年春
主薄驻苏家桥	孙鹏万	浙江山阴人	监生	《缙绅全书》光绪五年秋
主薄驻苏家桥	孙鹏万	浙江山阴人	监生	《缙绅全书》《中枢备览》光绪五年冬
主薄驻苏家桥	孙鹏万	浙江山阴人	监生	《缙绅全书》光绪七年春

职官	人名	籍贯	出身	出处及在职时间
主薄驻苏家桥	孙鹏万	浙江山阴人	监生	《爵秩全览》光绪七年冬
主薄驻苏家桥	孙鹏万	浙江山阴人	监生	《缙绅全书》光绪七年冬
主薄驻苏家桥	孙鹏万	浙江山阴人	监生	《缙绅全书》光绪八年冬
主薄驻苏家桥	孙鹏万	浙江山阴人	监生	《爵秩全览》光绪十年夏
主薄驻苏家桥	孙鹏万	浙江山阴人	监生	《爵秩全览》光绪十年秋
主薄驻苏家桥	孙鹏万	浙江山阴人	监生	《爵秩全览》光绪十一年春
主薄驻苏家桥	孙鹏万	浙江山阴人	监生	《爵秩全览》光绪十一年夏
主薄驻苏家桥	孙鹏万	浙江山阴人	监生	《爵秩全览》光绪十一年秋
主薄驻苏家桥	李家驹	江西庐陵人		《缙绅全书》《中枢备览》光绪二十七年冬

职官	人名	籍贯	出身	出处及在职时间
主薄驻苏家桥	李家驹	江西庐陵人		《爵秩全览》光绪二十八年春
主薄驻苏家桥	李家驹	江西庐陵人		《缙绅全书》《中枢备览》光绪二十八年夏
主薄驻苏家桥	李家驹	江西庐陵人		《爵秩全览》光绪二十八年秋《缙绅全书》《中枢备览》光绪二十八年秋
主薄驻苏家桥	李家驹	江西庐陵人		《缙绅全书》《中枢备览》光绪二十八年冬
主薄驻苏家桥	李家驹	江西庐陵人		《爵秩全览》光绪二十九年春
主薄驻苏家桥	李家驹	江西庐陵人		《缙绅全书》光绪二十九年夏
主薄驻苏家桥	李家驹	江西庐陵人		《爵秩全览》光绪二十九年秋
主薄驻苏家桥		江西庐陵人		《缙绅全书》《中枢备览》光绪二十九年秋
主薄驻苏家桥		江西庐陵人		《缙绅全书》《中枢备览》光绪二十九年冬

职官	人名	籍贯	出身	出处及在职时间
主薄驻苏家桥	蒋承烈	浙江余姚人	监生	《缙绅全书》《中枢备览》光绪三十年春
备注：《民国文安县志》中记载出身为交文霸主薄。				
主薄驻苏家桥	蒋承烈	浙江余姚人	监生	《爵秩全览》光绪三十年夏
主薄驻苏家桥	蒋承烈	浙江余姚人	监生	《缙绅全书》《中枢备览》光绪三十年夏
主薄驻苏家桥	蒋承烈	浙江余姚人	监生	《缙绅全书》光绪三十年冬
主薄	王允吉			《民国文安县志》
主薄	张勗会	景州人		《民国文安县志》
主薄	杨在春	江苏吴县人		《民国文安县志》
主薄	逯天锦	山东历城人		《民国文安县志》

职官	人名	籍贯	出身	出处及在职时间
主薄	来惟宽	浙江萧县人		《民国文安县志》
主薄	亢如坦		交霸主薄	《民国文安县志》
主薄	毛光耀			《民国文安县志》
主薄	汪国桢			《民国文安县志》
主薄	狄　善	江苏武进人	交大主薄	《民国文安县志》
主薄	项寿堃		交大主薄	《民国文安县志》
主薄	孙鹏万		交霸主薄	《民国文安县志》
主薄	熊友恭		交大主薄	《民国文安县志》

职官	人名	籍贯	出身	出处及在职时间
主薄	蒋承烈	浙江人	交霸主薄	《民国文安县志》

知县加一级

职官	人名	籍贯	出身	出处及在职时间
知县加一级	张建镐	陕西醴泉人	拔贡	《缙绅新书》乾隆十三年春
知县加一级	叶和侃	江西新建人	副榜	《缙绅全书》《中枢备览》乾隆四十二年秋
知县加一级	周士孝	四川南川人		《缙绅全书》《中枢备览》乾隆五十三年春
知县加一级	张桓	浙江桐乡人	举人	《缙绅全书》嘉庆元年春
备注：《《缙绅全书》嘉庆二年冬记载该人官职为教谕。				
知县加一级	张桓	浙江桐乡人	举人	《缙绅全书》嘉庆二年冬

职官	人名	籍贯	出身	出处及在职时间
知县加一级	张 桓	浙江桐乡人	举人	《缙绅全书》嘉庆三年秋
知县加一级	张 桓	浙江桐乡人	举人	《缙绅全书》嘉庆三年冬
知县加一级	张 桓	浙江桐乡人	举人	《缙绅全书》嘉庆五年冬
知县加一级	朱煜南	浙江黄岩人		《缙绅全书》嘉庆九年春
知县加一级	朱煜南	浙江黄岩人		《缙绅全书》《中枢备览》嘉庆十一年春
知县加一级	朱煜南	浙江黄岩人		《缙绅全书》嘉庆十一年夏
知县加一级	陈 彦	浙江归安人		《缙绅全书》嘉庆十七年秋
知县加一级	周 衡	四川涪州人		《缙绅全书》嘉庆二十一年冬
知县加一级	胡运隆	贵州黄平人	举人	《缙绅全书》（小）嘉庆二十二年冬

职官	人名	籍贯	出身	出处及在职时间
知县加一级	周 衡	四川涪州人		《缙绅全书》嘉庆二十五年夏
知县加一级	何熙积	山西灵石人		《缙绅全书》《中枢备览》道光四年夏
知县加一级	吴斯壁	广西滕县人	优贡	《缙绅全书》道光七年春
知县加一级	吴斯壁	广西滕县人	优贡	《缙绅全书》道光十年冬《民国文安县志》
知县加一级	袁炘	山东曹县人		《缙绅全书》《中枢备览》道光十三年夏
知县加一级	袁炘	山东曹县人		《缙绅全书》道光十四年春
知县加一级	袁炘	山东曹县人		《缙绅全书》道光十四年夏
知县加一级	袁炘	山东曹县人		《缙绅全书》《中枢备览》道光十六年夏
知县加一级	袁炘	山东曹县人		《缙绅全书》道光十六年秋

职官	人名	籍贯	出身	出处及在职时间
知县加一级	袁 炘	山东曹县人		《缙绅全书》《中枢备览》道光十六年冬
知县加一级	袁 炘	山东曹县人		《缙绅全书》道光十七年秋
知县加一级	袁 炘	山东曹县人		《缙绅全书》道光十八年夏
知县加一级	袁 炘	山东曹县人		《缙绅全书》道光二十年秋
知县加一级	袁 炘	山东曹县人		《缙绅全书》道光二十年冬
知县加一级	刘宝楠	江苏人		《缙绅全书》《中枢备览》道光二十二年春
知县加一级	刘宝楠	江苏人		《缙绅全书》道光二十二年冬
知县加一级	刘宝楠	江苏人		《缙绅全书》道光二十五年夏
知县加一级		江苏人		《缙绅全书》道光二十五年秋

职官	人名	籍贯	出身	出处及在职时间
知县加一级	魏谦六	河南人	进士	《缙绅全书》道光二十七年夏
知县加一级	魏谦六	河南人	进士	《缙绅全书》道光二十七年秋
知县加一级	魏谦六	河南郏县人	进士	《缙绅全书》道光二十八年冬
知县加一级	魏谦六	河南郏县人	进士	《缙绅全书》道光二十九年夏
知县加一级	高 衔	浙江山阴人	监生	《缙绅全书》咸丰三年夏
知县加一级	王荣清	江苏通州人		《缙绅全书》咸丰四年春
知县加一级	李在庚	山西河津人	监生	《缙绅全书》咸丰六年春
知县加一级	潘履恒	甯远人	拔贡	《缙绅全书》咸丰八年冬
知县加一级	潘履恒	奉天甯远人	拔贡	《缙绅全书》咸丰九年夏

职官	人名	籍贯	出身	出处及在职时间
知县加一级	曹大俊	河南固始人	进士	《缙绅全书》同治四年夏
知县加一级		浙江仁和人	监生	《缙绅全书》同治八年冬
知县加一级	丁符九	江西九江人	恩贡	《缙绅全书》同治九年夏
知县加一级	丁符九	江西九江人	恩贡	《缙绅全书》同治九年冬
知县加一级	丁符九	江西九江人	恩贡	《缙绅全书》同治十年春
知县加一级	丁符九	江西九江人	恩贡	《缙绅全书》同治十年夏
知县加一级	丁符九	江西九江人	恩贡	《缙绅全书》同治十一年夏
知县加一级	丁符九	江西九江人	恩贡	《缙绅全书》《中枢备览》同治十一年秋
知县加一级	丁符九	江西九江人	恩贡	《缙绅全书》同治十二年冬

职官	人名	籍贯	出身	出处及在职时间
知县加一级	丁符九	江西德化人	贡生	《缙绅全书》同治十三年春
知县加一级	丁符九	江西德化人	贡生	《缙绅全书》同治十三年秋
知县加一级	丁符九	江西德化人	贡生	《缙绅全书》同治十三年冬
知县加一级	丁符九	江西德化人	贡生	《缙绅全书》《中枢备览》同治十三年冬
知县加一级	丁符九	江西德化人	贡生	《缙绅全书》光绪二年秋
知县加一级	丁符九	江西德化人	贡生	《缙绅全书》《中枢备览》光绪三年夏
知县加一级	张云霈	山东荣城人	举人	《缙绅全书》光绪三年秋
知县加一级	张云霈	山东荣城人	举人	《缙绅全书》《中枢备览》光绪四年秋
知县加一级	张云霈	山东荣城人	举人	《缙绅全书》光绪五年春

职官	人名	籍贯	出身	出处及在职时间
知县加一级	张云霈	山东荣城人	举人	《缙绅全书》光绪五年秋
知县加一级	张云霈	山东荣城人	举人	《缙绅全书》《中枢备览》光绪五年冬
知县加一级	张云霈	山东荣城人	举人	《缙绅全书》光绪七年春
知县加一级	张云霈	山东荣城人	举人	《缙绅全书》光绪七年冬
知县加一级	桂　秀	满洲廂黄旗人	监生	《缙绅全书》光绪八年冬

知　县

职官	人名	籍贯	出身	出处及在职时间
知县	李昌汴	丰润县人	贡士	《民国文安县志》《康熙文安县志》《康熙文安县志》顺治元年
知县	宋炳	山东德州人	举人	《民国文安县志》《康熙文安县志》《康熙文安县志》顺治二年

职官	人名	籍贯	出身	出处及在职时间
知县	秦世祯	沈阳人	贡士	《民国文安县志》《康熙文安县志》《康熙文安县志》顺治三年
知县	李春元	辽东人		《民国文安县志》《康熙文安县志》《康熙文安县志》顺治四年
知县	钱世锦	江南盱眙县人	进士	《民国文安县志》《康熙文安县志》《康熙文安县志》顺治五年
知县	郗诏	辽东人		《民国文安县志》《康熙文安县志》《康熙文安县志》顺治六年
知县	王　勤	山东诸城人	进士	《民国文安县志》《康熙文安县志》《康熙文安县志》顺治九年
知县	韩　文	陕西富平人	举人	《民国文安县志》《康熙文安县志》《康熙文安县志》顺治十年
知县	刘馀泽	山西人	贡士	《民国文安县志》《康熙文安县志》《康熙文安县志》顺治十六年
知县	郭天锡	河南商水	贡士	《民国文安县志》《康熙文安县志》《康熙文安县志》顺治十七年
知县	李芳华	河南济源人	进士	《民国文安县志》《康熙文安县志》《康熙文安县志》康熙八年

职官	人名	籍贯	出身	出处及在职时间
知县	杨蠡	浙江余姚人	举人	《民国文安县志》《康熙文安县志》《康熙文安县志》康熙十年
知县	崔启元	藩下人	举人	《民国文安县志》《康熙文安县志》《康熙文安县志》康熙十一年
知县	卫建藩	山西河津人	进士	《民国文安县志》《康熙文安县志》康熙十五年
知县	万聊捷	辽东铁岭县人	例监	《民国文安县志》《康熙文安县志》康熙二十一年
知县	张朝琮	浙江萧山人	例监	《民国文安县志》《康熙文安县志》康熙二十五年
知县	吴楫	浙江归安人	进士	《民国文安县志》《康熙文安县志》康熙三十二年
知县	许天馥	江南芜湖人	岁贡	《民国文安县志》《康熙文安县志》康熙三十二年
知县	赵明镜	翼城人	举人	《民国文安县志》《康熙文安县志》康熙三十七年
知县	毕鼎	镶蓝旗人	荫监	《民国文安县志》《康熙文安县志》康熙三十九年

职官	人名	籍贯	出身	出处及在职时间
知县	张应诏	湖广五开卫人	举人	《民国文安县志》《康熙文安县志》康熙三十九年
知县	杨朝麟	正白旗人	例监	《民国文安县志》《康熙文安县志》康熙三十九年
知县	邹有熹		举人	《民国文安县志》康熙四十三年
知县	刘基长	陕西西安府蒲城县人	进士	《民国文安县志》康熙四十四年
知县	程绳武	江南甯国府太平县人	进士	《民国文安县志》康熙四十七年
知县	梁缵素	山西汾州府宁州人	岁贡	《民国文安县志》康熙五十五年
知县	杨　楠	江南常州府武进县人	监生	《民国文安县志》康熙六十年
知县	徐谷瑞	江南安庆府怀宁县人	举人	《民国文安县志》雍正四年
知县	陈衣德	福建福州府福清县人	进士	《民国文安县志》雍正五年

职官	人名	籍贯	出身	出处及在职时间
知县	单 鋐	山东莱州府高密县人	举人	《民国文安县志》雍正十一年
知县	金 试	江南徽州府休宁县人	监生	《民国文安县志》雍正十三年
知县	姜士仑	浙江严州府遂安县人	进士	《民国文安县志》雍正十三年
知县	梁德长	陕西西安府长安县人	监生	《民国文安县志》乾隆八年
知县	张廷镐	陕西西安府醴泉县人	拔贡生	《民国文安县志》乾隆九年
知县	罗 泽	四川筠连县人	举人	《民国文安县志》乾隆十九年
知县	杨 骐	江南武进人		《民国文安县志》乾隆二十二年
知县	程有成	安徽华亭人	进士	《民国文安县志》乾隆二十二年
知县	程有成	江南人		《缙绅全本》乾隆二十五年冬

职官	人名	籍贯	出身	出处及在职时间
备注：《民国文安县志》乾隆二十二年中记载该人为安徽华亭人。				
知县	程有成	江南人		《缙绅全本》乾隆二十六年秋
知县	冯履宪	山西代州人	进士	《民国文安县志》乾隆二十七年
知县	阮 基	浙江慈谿人	进士	《民国文安县志》乾隆三十二年
知县	阮 基	浙江人		《爵秩全本》乾隆三十三年秋
备注：《民国文安县志》乾隆三十二年中记载该人出身为进士。				
知县	郝 瑄	奉天开元人	进士	《民国文安县志》乾隆三十七年
知县	李 艺			《一档馆》藏 乾隆三十八年
知县	叶 开	广东陆丰人	拔贡举人	《民国文安县志》乾隆三十八年

职官	人名	籍贯	出身	出处及在职时间
知县	李宗淳	四川石泉人	拔贡	《民国文安县志》乾隆三十九年
知县	叶和侃	江西新建人	副榜	《民国文安县志》乾隆四十年
知县	资元赓	湖南东阳人	举人	《民国文安县志》乾隆四十五年
知县	周嘉宾	江苏丹徒人	原在承德府	《民国文安县志》乾隆四十五年
知县	宿习	湖南邵阳人	举人	《民国文安县志》乾隆四十七年
知县	陆燿	浙江人和人	例监	《民国文安县志》乾隆四十九年
知县	周士孝	四川南川人	举人	《民国文安县志》乾隆五十二年
知县	张桓	浙江桐乡人	进士	《民国文安县志》嘉庆十六年
知县	胡运隆	贵州黄平人	举人	《缙绅全书》（大）嘉庆二十二年冬

职官	人名	籍贯	出身	出处及在职时间
知县	远 明	旗人		《民国文安县志》嘉庆年
知县	陈 彦		进士	《民国文安县志》嘉庆年
知县	德克光泰	旗人		《民国文安县志》嘉庆年
知县	何熙积	山西灵石人		《缙绅全书》道光四年夏
知县	吴斯壁	广西藤县人	优贡	《爵秩全览》道光六年秋
知县	刘宝南			《民国文安县志》道光七年
备注：记载这一年该人修孔庙。				
知县	王 赓	四川铜梁人	举人	《民国文安县志》道光十二年
知县	何熙绩	山西灵石人	进士	《民国文安县志》道光十二年

职官	人名	籍贯	出身	出处及在职时间
知县	袁　炘	山东曹县人		《缙绅全书》《爵秩全览》道光十九年夏
知县	刘宝楠	江苏宝应人	嘉庆已卯科优贡，道光乙未科举人庚子科进士	《民国文安县志》道光二十一年
知县	唐　盛	山西朔州府朔州人	廪生中式，乙酉科举人，乙未大挑	《民国文安县志》道光二十四年
知县	王荣清	江苏通州人	进士	《爵秩全览》道光二十六年
知县	魏谦六	河南郏县人	进士	《爵秩全览》道光二十八年夏
知县	周启稷	山东人	进士	《民国文安县志》道光二十八年
知县	王荣清	江苏人	道光甲辰科进士	《民国文安县志》道光二十九年
知县	王光熊	沈阳人	贡生	《民国文安县志》道光三十年
知县	高　衔	浙江山阴人	监生	《爵秩全览》咸丰元年夏

职官	人名	籍贯	出身	出处及在职时间
知县	高衔		吏员	《民国文安县志》咸丰元年
知县	高　衔	浙江山阴人	监生	《爵秩全览》咸丰二年冬
知县	许汉方		举人	《民国文安县志》咸丰三年
知县	李在庚	山西河津人	监生	《缙绅全书》咸丰四年
知县	高锡康	江苏秦州人	拔贡，八旗教习，乙酉科举人	《民国文安县志》咸丰四年
备注：《民国文安县志》记载为该年该人在任。				
知县	李在庚	山西人	监生	《民国文安县志》咸丰五年
备注：《爵秩全览》咸丰六年春中记载该人出身为监生。				

职官	人名	籍贯	出身	出处及在职时间
知县	李在庚	山西河津人	监生	《爵秩全览》咸丰六年春
知县	潘履恒	奉天甯远人	拔贡	《爵秩全览》咸丰六年夏
知县	樊作栋		吏员	《民国文安县志》咸丰六年
知县	潘履恒	甯远人	拔贡	《民国文安县志》咸丰六年
知县	杨应枚	云南广南人	举人	《民国文安县志》咸丰七年
知县		奉天甯远人	监生	《缙绅全书》咸丰十年秋
知县		奉天甯远人	监生	《缙绅全书》咸丰十年
知县	耿垂绅	山西平定州人	道光己亥科举人	《民国文安县志》咸丰十一年

职官	人名	籍贯	出身	出处及在职时间
知县	邹在人	浙江钱塘人		《民国文安县志》咸丰十一年
知县	唐 铖	浙江山阴人	军功	《民国文安县志》同治二年
知县	曹大俊	河南固始人	道光甲辰科举人，咸丰丙辰科进士	《民国文安县志》同治二年
知县	曹大俊	河南固始人	进士	《缙绅全书》同治五年春
知县	沈庚风	浙江仁和人	监生	《爵秩全览》同治六年春
知县	沈庚风	浙江仁和人	监生	《缙绅全书》同治六年春
知县	沈庚风	浙江仁和人	监生	《缙绅全书》同治六年秋
知县	李应选		进士	《民国文安县志》同治六年
知县	沈庚风		监生	《民国文安县志》同治六年

职官	人名	籍贯	出身	出处及在职时间
备注：《缙绅全书》记载该人为沈庚风、出身为监生。				
知县	沈庚风	浙江仁和人	监生	《缙绅全书》同治八年春
知县	周绍达	浙江绍兴	进士	《民国文安县志》同治八年
知县	刘枝彦	江苏人	供事	《爵秩全览》同治九年春
知县	丁符九	江西九江人	恩贡	《爵秩全览》同治九年秋
知县	刘枝彦		吏员	《民国文安县志》同治十年
备注：《爵秩全览》中记载该人出身为供事。				
知县	谌命年	江苏上元	进士	《民国文安县志》同治十年
知县	丁符九	江西德化人	恩贡	《民国文安县志》同治十年

职官	人名	籍贯	出身	出处及在职时间
备注：记载该人修县衙。				
知县	管近修	江苏江宁人	咸丰辛亥科举人，已卯科进士	《民国文安县志》同治十一年
知县	丁符九	江西德化人	贡生	《爵秩全览》同治十三年夏
知县	丁符九	江西德化人	贡生	《爵秩全览》同治十三年冬
知县	丁符九	江西德化人	贡生	《爵秩全览》光绪元年夏
知县	丁符九	江西德化人	贡生	《爵秩全览》光绪元年秋
知县	丁符九	江西德化人	贡生	《爵秩全览》光绪二年冬
知县	张云霈	山东荣城人	举人	《爵秩全览》光绪三年冬
知县	张云霈	山东荣城人	举人	《爵秩全览》光绪四年冬

职官	人名	籍贯	出身	出处及在职时间
知县	陈绍谌			《民国文安县志》光绪六年
知县	张云霈	山东荣城人	举人	《爵秩全览》光绪七年冬
知县	殷谦	贵州	戊辰科进士	《民国文安县志》光绪九年
知县	孙锡康	浙江归安县人	荫生	《爵秩全览》光绪十年夏
知县	孙锡康	浙江归安县人	荫生	《爵秩全览》光绪十年秋
知县	孙锡康	浙江归安县人	荫生	《爵秩全览》光绪十一年春
知县	孙锡康	浙江归安县人	荫生	《爵秩全览》光绪十一年夏
知县	孙锡康	浙江归安县人	荫生	《爵秩全览》光绪十一年秋
知县	孙锡康	浙江归安县人	荫生	《爵秩全览》光绪十二年夏

职官	人名	籍贯	出身	出处及在职时间
知县	孙锡康	浙江归安县人	荫生	《缙绅全书》光绪十二年秋
知县	王言昌	贵州人	举人	《民国文安县志》光绪十二年
知县	孙锡康	浙江归安县人	荫生	《爵秩全览》光绪十三年春
知县	孙锡康	浙江归安县人	荫生	《缙绅全书》《中枢备览》光绪十三年夏
知县	孙锡康	浙江归安县人	荫生	《缙绅全书》光绪十三年冬
知县	张邦庆	山东东昌府聊城县人	廪贡生	《民国文安县志》光绪十三年
知县	赖永恭	四川人	举人	《缙绅全书》光绪十四年夏
知县	赖永恭	四川人	举人	《爵秩全览》光绪十四年冬

职官	人名	籍贯	出身	出处及在职时间
知县	赖永恭	四川人	举人	《爵秩全览》《民国文安县志》光绪十五年夏
知县	钱锡宷	浙江杭州府仁和县	癸酉科举人	《民国文安县志》光绪十五年
知县		四川华阳人		《缙绅全书》光绪十六年春
知县	杨怀震	广西永淳人	进士	《缙绅全书》光绪十六年冬
知县	杨怀震	广西永淳人	进士	《爵秩全览》光绪十八年春
知县	杨怀震	广西永淳人	进士	《爵秩全览》光绪十八年秋
知县	杨怀震	广西永淳人	进士	《爵秩全览》光绪十八年冬
知县	刘焌	四川人	监生	《民国文安县志》光绪十八年

职官	人名	籍贯	出身	出处及在职时间
知县	杨怀震	广西永淳人	廪贡	《缙绅全书》光绪十九年春
知县	杨怀震	广西永淳人	廪贡	《爵秩全览》光绪十九年夏
知县	杨怀震	广西永淳人	进士	《爵秩全览》光绪十九年秋
知县	杨怀震	广西永淳人	进士	《缙绅全书》光绪十九年冬
知县	杨怀震	广西永淳人	进士	《爵秩全览》光绪十九年冬
知县	范履福	江西人	监生	《民国文安县志》光绪十九年
知县	石赓臣	奉天铁岭县人	监生	《民国文安县志》光绪十九年
知县	杨怀震	广西永淳人	进士	《缙绅全书》《中枢备览》光绪二十年夏
知县	杨怀震	广西永淳人	进士	《爵秩全览》光绪二十年秋

职官	人名	籍贯	出身	出处及在职时间
知县	黄开沅			《民国文安县志》光绪二十年
知县	杨怀震	广西永淳人	进士	《爵秩全览》光绪二十一年春
知县	王万震	四川富顺人	举人	《爵秩全览》光绪二十一年夏
知县	张琨	云南太平人	进士	《爵秩全览》光绪二十一年秋
知县	张琨	云南太平人	进士	《缙绅全书》光绪二十一年冬
知县	林绍清	贵州	举人	《民国文安县志》光绪二十一年
知县	张琨	云南太平人	进士	《爵秩全览》光绪二十二年春
知县	张琨	云南太平人	进士	《缙绅全书》光绪二十二年春
知县	张琨	云南太平人	进士	《爵秩全览》光绪二十二年夏

职官	人名	籍贯	出身	出处及在职时间
知县	张 琨	云南太平人	进士	《爵秩全览》光绪二十二年秋
知县	张 琨	云南太平人	进士	《爵秩全览》光绪二十二年冬
知县	韩景儒	江苏	附贡生	《民国文安县志》光绪二十二年
知县	王舒荂	山西灵石人	进士	《爵秩全览》光绪二十三年夏
备注：《爵秩全览》光绪二十四年春记载该人出身为监生。				
知县	王舒荂	山西灵石人	进士	《缙绅全书》《中枢备览》光绪二十三年秋
知县	王舒荂	山西灵石人	进士	《爵秩全览》光绪二十三年冬
知县	王舒荂	山西灵石人	进士	《民国文安县志》光绪二十三年
知县	王舒荂	山西灵石人	进士	《爵秩全览》光绪二十四年春

职官	人名	籍贯	出身	出处及在职时间
知县	王舒萼	山西灵石人	进士	《爵秩全览》光绪二十四年秋
知县	王舒萼	山西灵石人	进士	《爵秩全览》光绪二十四年冬
知县	王舒萼	山西灵石人	进士	《缙绅全书》光绪二十四年冬
知县	王舒萼	山西灵石人	进士	《爵秩全览》光绪二十五年春
知县	王舒萼	山西灵石人	进士	《缙绅全书》《中枢备览》光绪二十五年春
知县	王舒萼	山西灵石人	进士	《爵秩全览》光绪二十五年夏
知县	王舒萼	山西灵石人	进士	《缙绅全书》光绪二十五年夏
知县	王舒萼	山西灵石人	进士	《爵秩全览》光绪二十五年秋
知县	王舒萼	山西灵石人	进士	《缙绅全书》《中枢备览》光绪二十五年冬

职官	人名	籍贯	出身	出处及在职时间
知县	王舒萼	山西灵石人	进士	《缙绅全书》《中枢备览》光绪二十六年春
知县	王舒萼	山西灵石人	进士	《缙绅全书》光绪二十六年夏
知县	王舒萼	山西灵石人	进士	《爵秩全览》光绪二十六年秋
知县	王舒萼	山西灵石人	进士	《缙绅全书》光绪二十七年春
知县	王舒萼	山西灵石人	进士	《爵秩全览》光绪二十七年冬
知县	王舒萼	山西灵石人	进士	《缙绅全书》《中枢备览》光绪二十七年冬
知县	王舒萼	山西灵石人	进士	《爵秩全览》光绪二十八年春
知县	王舒萼	山西灵石人	进士	《缙绅全书》《中枢备览》光绪二十八年夏
知县	王舒萼	山西灵石人	进士	《爵秩全览》光绪二十八年秋《缙绅全书》《中枢备览》光绪二十八年秋

职官	人名	籍贯	出身	出处及在职时间
知县	王舒萼	山西灵石人	进士	《缙绅全书》《中枢备览》光绪二十八年冬
知县	王舒萼	山西灵石人	进士	《爵秩全览》光绪二十九年春
知县	王舒萼	山西灵石人		《缙绅全书》光绪二十九年夏
知县	王舒萼	山西灵石人	进士	《爵秩全览》光绪二十九年秋
知县	王舒萼	山西灵石人	进士	《缙绅全书》《中枢备览》光绪二十九年秋
知县	王舒萼	山西灵石人	进士	《缙绅全书》《中枢备览》光绪二十九年冬
知县	曾毓隽	福建	举人	《民国文安县志》光绪二十九年
知县	王舒萼	山西灵石人	进士	《缙绅全书》《中枢备览》光绪三十年春
知县		山西灵石人		《缙绅全书》《中枢备览》光绪三十年夏

职官	人名	籍贯	出身	出处及在职时间
知县	徐体善	浙江萧山人	监生	《缙绅全书》光绪三十年冬
知县	郭廷谨	陕西同州府蒲城县	进士	《民国文安县志》光绪三十年
知县	徐体善	浙江萧山人	监生	《缙绅全书》《中枢备览》光绪三十一年春
知县	徐体善	浙江萧山人	监生	《爵秩全览》光绪三十一年夏
知县	徐体善	浙江萧山人	监生	《缙绅全书》《中枢备览》光绪三十一年夏
知县	徐体善	浙江萧山人	监生	《爵秩全览》光绪三十一年秋
知县	徐体善	浙江萧山人	监生	《爵秩全览》光绪三十一年冬
知县	王以安	浙江杭州府人	附贡生	《民国文安县志》光绪三十一年

职官	人名	籍贯	出身	出处及在职时间
知县	何则贤			《民国文安县志》光绪三十一年
知县	徐体善	浙江萧山人	监生	《爵秩全览》光绪三十二年春
知县	徐体善	浙江萧山人	监生	《缙绅全书》《中枢备览》光绪三十二年春
知县	徐体善	浙江萧山人	监生	《缙绅全书》光绪三十二年夏
知县		浙江萧山人	监生	《缙绅全书》光绪三十三年冬
知县	王维琛	山东人	监生	《民国文安县志》光绪三十二年
知县	李培之	河南人	进士	《民国文安县志》光绪三十二年
知县	杨同高	山西太谷县人	举人	《爵秩全览》《民国文安县志》光绪三十三年春

职官	人名	籍贯	出身	出处及在职时间
知县	杨同高	山西太古人	举人	《缙绅全书》《中枢备览》《民国文安县志》光绪三十三年夏
知县	杨同高	山西太古人	举人	《爵秩全览》《民国文安县志》光绪三十三年秋
知县	杨同高	山西太古人	举人	《爵秩全览》《民国文安县志》光绪三十三年冬
知县	唐启禔	广西南宁宣化县	监生	《民国文安县志》光绪三十三年
知县	杨同高	山西太古人	举人	《爵秩全览》光绪三十四年春
知县	杨同高	山西太古人	举人	《最新百官绿》光绪三十四年春
知县	杨同高	山西太古人	举人	《爵秩全览》光绪三十四年夏
知县	钱锡寀			《民国文安县志》光绪三十四年

职官	人名	籍贯	出身	出处及在职时间
知县	金树棠			《一档馆》光绪三十四年
知县	高文才	四川崇庆州人	监生	《爵秩全览》宣统元年冬
知县	高文才	四川人	监生	《缙绅全书》宣统元年冬
知县	高文才	四川人	监生	《爵秩全览》《民国文安县志》宣统二年春
知县	高文才	四川人	监生	《爵秩全览》《民国文安县志》宣统二年夏
知县	高文才	四川人	监生	《爵秩全览》《民国文安县志》宣统二年秋
知县	高文才	四川人	监生	《爵秩全览》《民国文安县志》宣统二年冬
知县	董 垲	浙江山阴县	监生	《民国文安县志》宣统二年

职官	人名	籍贯	出身	出处及在职时间
知县	姚宝炘	浙江嘉兴县	附贡生	《民国文安县志》宣统二年
知县	高文才	四川人	监生	《爵秩全览》宣统三年春
知县	高文才	四川人	监生	《爵秩全览》宣统三年夏
知县	高文才	四川人	监生	《爵秩全览》宣统三年秋
知县	高文才	四川人	监生	《职官录》宣统三年冬
知县	姚佐寅	安徽桐城县	监生	《民国文安县志》宣统三年
知县	王诵熙			《民国文安县志》宣统三年
知县	高文才	四川人	监生	《职官录》宣统四年春
知县	陈怀震			《民国文安县志》

职官	人名	籍贯	出身	出处及在职时间
知县	蒋嘉霖	江苏人		《民国文安县志》
知县	张云霈	山东荣城人	举人	《民国文安县志》
知县	王益寿	山东夏津人	优贡生	《民国文安县志》
知县	谢锡芬			《民国文安县志》
知县	李协中			《民国文安县志》

游　击

职官	人名	籍贯	出身	出处及在职时间
游击	韩良佐			《康熙文安县志》顺治六年
游击	杨奎光			《康熙文安县志》顺治十三年

职官	人名	籍贯	出身	出处及在职时间
游击	朱志麟			《康熙文安县志》《民国文安县志》顺治十六年
游击	罗腾蛟			《康熙文安县志》《民国文安县志》康熙五年
游击	王明善			《康熙文安县志》《康熙文安县志》康熙九年
游击	方振奇	直隶曲州人	行伍	《民国文安县志》《康熙文安县志》康熙十二年
游击	解帜	陕西籍京衙人	丙戌科武进士	《民国文安县志》《康熙文安县志》康熙十八年
游击	杨钊	辽东江南扬州籍人	将材	《民国文安县志》《康熙文安县志》康熙二十二年
游击	许耀	福建海澄人		《民国文安县志》《康熙文安县志》康熙三十年
游击	陈光祚	京衙人	甲辰进士	《民国文安县志》《康熙文安县志》康熙三十三年
游击	熊开运	江西宜春人	丙午解元	《民国文安县志》《康熙文安县志》康熙三十五年
游击	苟文昌	陕西延安府人	行伍	《民国文安县志》《康熙文安县志》康熙三十七年

职官	人名	籍贯	出身	出处及在职时间
游击	李元祯	直隶任丘人	行伍	《民国文安县志》康熙四十四年
游击	朱正色	陕西宁夏人	侍卫	《民国文安县志》康熙四十九年
游击	颜光昕	江南亳州人	侍卫	《民国文安县志》康熙四十九年
游击	郭宗唐	陕西甘州人	行伍	《民国文安县志》康熙五十年
游击	韩 德	陕西人	行伍	《民国文安县志》康熙五十二年
游击	唐际盛	四川成都府人	世袭	《民国文安县志》康熙五十七年
游击	赵 蕙	陕西榆林卫人	行伍	《民国文安县志》康熙五十八年
游击	薛 瀚	山东滕县人	荫生	《民国文安县志》康熙五十八年
游击	李朝用	正黄旗汉军人	汉军世袭拖沙喇哈番	《民国文安县志》雍正五年

职官	人名	籍贯	出身	出处及在职时间
游击	周 涵	山东临清州人	侍卫	《民国文安县志》雍正六年
游击	张应甲	云南人	行伍	《民国文安县志》雍正八年
游击	窦天禄	天津人	行伍	《民国文安县志》雍正八年
游击	吴廷傑	四川人	行伍	《民国文安县志》雍正十一年
游击	杨永和	四川松番卫人	侍卫	《民国文安县志》雍正十二年
游击	李甲早	陕西宁夏人	行伍	《民国文安县志》雍正十三年
游击	哈士德	河间人	行伍	《民国文安县志》雍正十三年
游击	陈永图	大兴县人	行伍	《民国文安县志》乾隆元年
游击	杨大立	山东历城人	侍卫	《民国文安县志》乾隆元年

职官	人名	籍贯	出身	出处及在职时间
游击	惠延祖	山东济宁卫人	世袭	《民国文安县志》乾隆二年
游击	李现祥	陕西宁夏人	荫生	《民国文安县志》乾隆三年
游击	杨永和			《民国文安县志》乾隆三年
游击	刘 英	福建长汀县人	侍卫	《民国文安县志》乾隆四年
游击	林武略	广东人	侍卫	《民国文安县志》乾隆十年
游击	徐	湖南人		《民国文安县志》乾隆十五年

训 导

职官	人名	籍贯	出身	出处及在职时间
训导	高 桂	清苑人	贡士	《民国文安县志》《康熙文安县志》《康熙文安县志》顺治三年

职官	人名	籍贯	出身	出处及在职时间
备注：《民国文安县志》中另记载为高一桂。				
训导	王纲振	濬县人	贡士	《民国文安县志》《康熙文安县志》《康熙文安县志》顺治九年
训导	杨国柱	广平人	贡士	《民国文安县志》《康熙文安县志》《康熙文安县志》顺治十二年
训导	康世美	真定人	贡士	《民国文安县志》《康熙文安县志》《康熙文安县志》顺治十五年
训导	杜蘅	钜鹿人	拔贡	《民国文安县志》《康熙文安县志》康熙十九年
训导	韩更昌	安平人	岁贡	《民国文安县志》《康熙文安县志》康熙三十二年
训导	梁薛一	沧州人	岁贡	《民国文安县志》《康熙文安县志》康熙三十五年
训导	张炜	新安人	岁贡	《民国文安县志》《康熙文安县志》康熙三十六年
训导	王缙	天津府静海县人	岁贡	《民国文安县志》乾隆三十四年
训导	赵益	新安人	廪生	《民国文安县志》乾隆三十七年

职官	人名	籍贯	出身	出处及在职时间
训导	周学山	玉田人	廪生	《民国文安县志》乾隆四十一年
训导	郑履祥	长垣人	廪贡	《民国文安县志》乾隆五十一年
训导	边云龙	镶红旗人	廪贡	《民国文安县志》乾隆五十一年
训导	吕　松	广平县人	廪贡	《民国文安县志》乾隆五十七年
训导	陈百祺	大名府人	廪贡生	《民国文安县志》同治四年
训导	李升廷	唐山县	岁贡生	《民国文安县志》光绪四年
训导	高振淇	保定府完县	附贡生	《民国文安县志》光绪二十二年
训导	胡光祖	清苑	举人	《民国文安县志》
训导	谷太岳		举人	《民国文安县志》
训导	王理澄	永平府	廪贡生	《民国文安县志》

职官	人名	籍贯	出身	出处及在职时间
训导	杨国柱			《民国文安县志》
训导	夏尚义	奉天府承德县人	例贡	《民国文安县志》
训导	刘春盘	沧州人	岁贡	《民国文安县志》
训导	吕壬周	大名府人	优贡	《民国文安县志》
训导	任之正	宣化府人	岁贡	《民国文安县志》
训导	王著起	永平府临榆县人	岁贡	《民国文安县志》
训导	石在文	唐县人	嘉庆癸酉科謄錄	《民国文安县志》
训导	侍　景	永平府人	嘉庆丁卯科举人	《民国文安县志》
训导	李树桐	深州人	岁贡	《民国文安县志》
训导	高鹏程	河间人	廪贡	《民国文安县志》

职官	人名	籍贯	出身	出处及在职时间
训导	马崐		廪贡	《民国文安县志》
训导	栗瀛源		廪贡	《民国文安县志》

文安营游击

职官	人名	籍贯	出身	出处及在职时间
文安营游击	李朝用	正黄旗人	行伍	《爵秩新本》《中枢备览》雍正四年夏

文案汛千总

职官	人名	籍贯	出身	出处及在职时间
文安汛千总	李文□	大兴籍三川甘肃宁夏人	行伍	《缙绅全书》《中枢备览》道光四年夏

职官	人名	籍贯	出身	出处及在职时间
文案汛千总	王恩溶	直隶人	行伍	《缙绅全书》《中枢备览》光绪五年冬
文安汛千总	刘云山	天津人	行伍	《缙绅全书》《中枢备览》光绪二十七年冬
文安汛千总	刘云山	天津人	行伍	《缙绅全书》《中枢备览》光绪二十八年夏
文安汛千总	刘云山	天津人	行伍	《缙绅全书》《中枢备览》光绪二十八年秋
文安汛千总	刘云山	天津人	行伍	《缙绅全书》《中枢备览》光绪二十八年冬
文安汛千总	刘云山	天津人	行伍	《缙绅全书》《中枢备览》光绪二十九年春
文安汛千总	刘云山	天津人	行伍	《缙绅全书》《中枢备览》光绪二十九年秋
文安汛千总	刘云山	天津人	行伍	《缙绅全书》《中枢备览》光绪二十九年冬
文安汛千总	刘云山	天津人	行伍	《缙绅全书》《中枢备览》光绪三十年春

职官	人名	籍贯	出身	出处及在职时间
文安汛千总	刘云山	天津人	行伍	《缙绅全书》《中枢备览》光绪三十年夏

头司把总

职官	人名	籍贯	出身	出处及在职时间
头司把总	丁阴槐	直隶人	武举	《缙绅全书》《中枢备览》道光四年夏

特授知县加一级

职官	人名	籍贯	出身	出处及在职时间
特授知县加一级	冯履宪	山西代州人	进士	《爵秩全书》乾隆三十年春
特授知县加一级	冯履宪	山西代州人	进士	《爵秩全本》乾隆三十年冬

苏家桥主簿

职官	人名	籍贯	出身	出处及在职时间
苏家桥主簿	马廷铨	江苏上元人	监生	《爵秩全本》乾隆三十年冬
备注：《民国文安县志》乾隆三十年中记载该人出身为例监。				
苏家桥主簿	马廷铨	江苏上元人	监生	《爵秩全本》乾隆三十三年秋
苏家桥主簿	蒋承烈	浙江余姚人		《最新百官绿》光绪三十四年春

守　备

职官	人名	籍贯	出身	出处及在职时间
守备	蓝九万			《民国文安县志》《康熙文安县志》顺治六年

职官	人名	籍贯	出身	出处及在职时间
守备	李登全			《民国文安县志》《康熙文安县志》顺治十二年
守备	朱纬			《民国文安县志》《康熙文安县志》顺治十七年
守备	王希喆			《民国文安县志》《康熙文安县志》康熙九年
守备	胡恺	宛平人	行伍	《民国文安县志》《康熙文安县志》康熙十四年
守备	高守荣	湖广枣阳人	将材	《民国文安县志》《康熙文安县志》康熙二十年

千　总

职官	人名	籍贯	出身	出处及在职时间
千总	岳登科	浙江人		《民国文安县志》《康熙文安县志》顺治七年
千总	周继文			《民国文安县志》《康熙文安县志》顺治八年

职官	人名	籍贯	出身	出处及在职时间
千总	赵宽			《民国文安县志》《康熙文安县志》顺治十四年
千总	刘有德			《民国文安县志》《康熙文安县志》康熙元年
千总	王化淳			《民国文安县志》《康熙文安县志》康熙五年
千总	杨元祥	京衙人	行伍	《民国文安县志》《康熙文安县志》康熙十二年
千总	高乘羮	东安县人	行伍	《民国文安县志》《康熙文安县志》康熙二十年
千总	王启元	山东人	行伍	《民国文安县志》《康熙文安县志》康熙三十二年
千总	阎应会	天津衙人	行伍	《民国文安县志》《康熙文安县志》康熙三十二年
千总	张显宗	文安人		《民国文安县志》《康熙文安县志》康熙三十七年

职官	人名	籍贯	出身	出处及在职时间
千总	李元祯	任丘人	行伍	《民国文安县志》《康熙文安县志》康熙四十年
千总	杨之龙	京衙人	行伍	《民国文安县志》《康熙文安县志》康熙四十一年
千总	阚伯彦	直隶人	行伍	《爵秩新本》《中枢备览》雍正四年夏
千总	刘履青	晋州人	世袭	《民国文安县志》乾隆五十年
千总	王恩荣	天津人		《民国文安县志》同治初年
千总	张遇顺	山东人		《民国文安县志》光绪三十一年
千总	刘锡龄	雄县		《民国文安县志》光绪三十二年
千总	杨有豹		汉军旗人	《民国文安县志》

职官	人名	籍贯	出身	出处及在职时间
千总	何遵	宣化府人		《民国文安县志》
千总	李贵	任丘县人		《民国文安县志》
千总	张鳞			《民国文安县志》
千总	魏成	天津县人		《民国文安县志》
千总	王伍	新城县人		《民国文安县志》
千总	张云			《民国文安县志》
千总	李文祥			《民国文安县志》
千总	金全义			《民国文安县志》
千总	王炘			《民国文安县志》

职官	人名	籍贯	出身	出处及在职时间
千总	董寿源			《民国文安县志》

警察所长

职官	人名	籍贯	出身	出处及在职时间
警察所长	王珍			《民国文安县志》光绪三十三年
警察所长	董有声			《民国文安县志》宣统二年

教谕加一级

职官	人名	籍贯	出身	出处及在职时间
教谕加一级	刘　栋	正黄旗人	举人	《缙绅全本》乾隆二十五年冬

职官	人名	籍贯	出身	出处及在职时间
教谕加一级	刘 栋	正黄旗人	举人	《缙绅全本》乾隆二十六年秋

教　谕

职官	人名	籍贯	出身	出处及在职时间
教谕	江中耀	玉田县人	举人	《民国文安县志》《康熙文安县志》《康熙文安县志》顺治三年
教谕	陶成瑜	辽东人	举人	《民国文安县志》《康熙文安县志》《康熙文安县志》顺治四年
教谕	崔 林	晋州人	贡士	《民国文安县志》《康熙文安县志》《康熙文安县志》顺治八年
教谕	张大道	隆平人	举人	《民国文安县志》《康熙文安县志》《康熙文安县志》顺治十年
教谕	郝 升	南宫人	贡士	《民国文安县志》《康熙文安县志》《康熙文安县志》顺治十三年
教谕	程续南		举人	《民国文安县志》《康熙文安县志》《康熙文安县志》顺治十七年

职官	人名	籍贯	出身	出处及在职时间
教谕	郑 选	唐县人	贡士	《民国文安县志》《康熙文安县志》《康熙文安县志》康熙五年
教谕	谢孟燦	延庆州人	举人	《民国文安县志》《康熙文安县志》《康熙文安县志》康熙九年
教谕	王胤芳	大名人	举人	《民国文安县志》《康熙文安县志》《康熙文安县志》康熙十年
教谕	陈食采	献县人	岁贡	《民国文安县志》《康熙文安县志》康熙十二年
教谕	刘向远	真定人	举人	《民国文安县志》《康熙文安县志》康熙十八年
教谕	王道兴	奉天铁岭人	举人	《民国文安县志》《康熙文安县志》康熙二十八年
教谕	齐承嗣	静海人	举人	《民国文安县志》《康熙文安县志》康熙四十年
教谕	鹿泰吉	保定府定兴县	举人	《缙绅新书》乾隆十三年春
教谕	董巨湖	高阳县人	戊午科举人	《民国文安县志》乾隆二十九年

职官	人名	籍贯	出身	出处及在职时间
教谕	董巨湖	高阳人	举人	《爵秩全书》乾隆三十年春
教谕	董巨湖	高阳人	举人	《爵秩全本》乾隆三十年冬
教谕	董巨湖	高阳人	举人	《爵秩全本》乾隆三十三年秋
教谕	石绍奋	清苑县人	庚辰举人	《民国文安县志》乾隆四十年
教谕	张宗榜	静海县人	丁卯举人	《民国文安县志》乾隆四十二年
教谕	张宗榜	静海人	举人	《缙绅全书》《中枢备览》乾隆四十二年秋
教谕	冉士伟	高阳县人	壬申举人	《民国文安县志》乾隆五十二年
教谕	冉士炜	高阳人	举人	《缙绅全书》《中枢备览》乾隆五十三年春
教谕	谢　煦	深州人	乙酉举人	《民国文安县志》乾隆五十七年

职官	人名	籍贯	出身	出处及在职时间
教谕	沈　铨	深州人	乙酉举人	《民国文安县志》乾隆五十九年
教谕	谢　煦	滦州人	举人	《缙绅全书》嘉庆元年春

备注：《《缙绅全书》嘉庆二年冬中记载该人职位为主薄驻苏家桥。

职官	人名	籍贯	出身	出处及在职时间
教谕	谢　煦	深州人	举人	《缙绅全书》嘉庆二年冬
教谕	谢　煦	深州人	举人	《缙绅全书》嘉庆三年秋
教谕	谢　煦	深州人	举人	《缙绅全书》嘉庆三年冬
教谕	谢　煦	深州人	举人	《缙绅全书》嘉庆五年冬
教谕	黄际泰	天津人	举人	《缙绅全书》嘉庆九年春
教谕	金绍骥	天津府人	举人	《缙绅全书》《中枢备览》嘉庆十一年春

职官	人名	籍贯	出身	出处及在职时间
教谕	金绍骥	天津府人	举人	《缙绅全书》嘉庆十一年夏
教谕	尹　晥	广平人	举人	《缙绅全书》嘉庆十七年秋
教谕	沈　铨	河间人	举人	《缙绅全书》嘉庆二十一年冬
教谕	沈　铨	河间人	举人	《缙绅全书》（大）《缙绅全书》（小）嘉庆二十二年冬
教谕	沈　铨	河间人	举人	《缙绅全书》嘉庆二十五年夏
教谕	沈　铨	河间人	举人	《缙绅全书》《中枢备览》道光四年夏
教谕	沈　铨	河间人	举人	《缙绅全书》道光四年夏
教谕	沈　铨	河间人	举人	《爵秩全览》道光六年秋
教谕	沈　铨	河间人	举人	《缙绅全书》道光七年春

职官	人名	籍贯	出身	出处及在职时间
教谕	沈 铨	河间人	举人	《缙绅全书》道光十年冬
教谕	张华孙	静海县人	廪贡	《缙绅全书》《中枢备览》道光十三年夏
教谕	张华孙	静海县人	廪贡	《缙绅全书》道光十四年春
教谕	张华孙	静海县人	廪贡	《缙绅全书》道光十四年夏
教谕	张华孙	静海县人	廪贡	《缙绅全书》《中枢备览》道光十六年夏
教谕	张华孙	静海县人	廪贡	《缙绅全书》道光十六年秋
教谕	张华孙	静海县人	廪贡	《缙绅全书》《中枢备览》道光十六年冬
教谕	张华孙	静海县人	廪贡	《缙绅全书》道光十七年秋
教谕	张华孙	静海县人	廪贡	《缙绅全书》道光十八年夏

职官	人名	籍贯	出身	出处及在职时间
教谕	侍 景	奉天人	举人	《缙绅全书》《爵秩全览》道光十九年夏
备注：《民国文安县志》中记载该人为训导地方为永平府。				
教谕	侍 景	奉天人	举人	《缙绅全书》道光二十年秋
教谕	侍 景	奉天人	举人	《缙绅全书》道光二十年冬
教谕	侍 景	奉天人	举人	《缙绅全书》《中枢备览》道光二十二年春
教谕	萧令韶	冀州人	举人	《缙绅全书》道光二十二年冬
备注：《民国文安县志》记载该人地方为武邑。				
教谕	萧令韶	冀州人	举人	《缙绅全书》道光二十五年夏
教谕	萧令韶	冀州人	举人	《缙绅全书》道光二十五年秋

职官	人名	籍贯	出身	出处及在职时间
教谕	萧令韶	冀州人	举人	《爵秩全览》道光二十六年
教谕	萧令韶	冀州人	举人	《缙绅全书》道光二十七年夏
教谕	萧令韶	冀州人	举人	《缙绅全书》道光二十七年秋
教谕	谷清弼	冀州人	举人	《爵秩全览》道光二十八年夏
教谕	谷清弼	冀州人	举人	《缙绅全书》道光二十八年冬
教谕	谷清弼	冀州人	举人	《缙绅全书》道光二十九年夏
教谕	彭继绅	保定府人	举人	《爵秩全览》咸丰元年夏
教谕	彭继绅	保定府人	举人	《爵秩全览》咸丰二年冬
教谕	彭继绅	保定人	举人	《缙绅全书》咸丰三年夏

职官	人名	籍贯	出身	出处及在职时间
教谕	庸令韶	冀州人	举人	《缙绅全书》咸丰四年春
教谕	谢 灯	保定人	举人	《缙绅全书》咸丰四年
教谕	谢 灯	保定府人	举人	《爵秩全览》咸丰六年春
教谕	谢 灯	保定人	举人	《缙绅全书》咸丰六年春
教谕	马书升	保定府人	举人	《爵秩全览》咸丰六年夏
教谕	马书升	保定府人	举人	《爵秩全览》咸丰七年秋
教谕	谢 灯	保定府人	举人	《爵秩全览》咸丰七年冬
教谕	马书升	保定人	举人	《缙绅全书》咸丰八年冬
教谕	马书升	保定人	举人	《缙绅全书》咸丰九年夏

职官	人名	籍贯	出身	出处及在职时间
教谕	马书升	保定人	举人	《缙绅全书》咸丰十年秋
教谕	马书升	保定人	举人	《缙绅全书》咸丰十年
教谕	张鹤龄	青县人	道光己酉科举人	《民国文安县志》同治初年
备注：《缙绅全书》同治四年夏、《爵秩全览》同治六年春中记载该人为天津人。				
教谕	张鹤龄	天津人	举人	《缙绅全书》同治四年夏
教谕	张鹤龄	天津人	举人	《缙绅全书》同治五年春
教谕	张鹤龄	天津人	举人	《爵秩全览》同治六年春
教谕	张鹤龄	天津人	举人	《缙绅全书》同治六年春
教谕	张鹤龄	天津人	举人	《缙绅全书》同治六年秋

职官	人名	籍贯	出身	出处及在职时间
教谕	张鹤龄	天津人	举人	《缙绅全书》同治八年春
教谕	张鹤龄	天津人	举人	《缙绅全书》同治八年冬
教谕	张鹤龄	天津人	举人	《爵秩全览》同治九年春
教谕	张鹤龄	天津府人	举人	《缙绅全书》同治九年夏
教谕	张鹤龄	天津府人	举人	《爵秩全览》同治九年秋
教谕	张鹤龄	天津府人	举人	《缙绅全书》同治九年冬
教谕	张鹤龄	天津府人	举人	《缙绅全书》同治十年春
教谕	张鹤龄	天津府人	举人	《缙绅全书》同治十年夏
教谕	张鹤龄	天津府人	举人	《缙绅全书》同治十一年夏

职官	人名	籍贯	出身	出处及在职时间
教谕	张鹤龄	天津府人	举人	《缙绅全书》《中枢备览》同治十一年秋
教谕	张鹤龄	天津府人	举人	《缙绅全书》同治十二年冬
教谕	张鹤龄	天津人	举人	《缙绅全书》同治十三年春
教谕	张鹤龄	天津人	举人	《爵秩全览》同治十三年夏
教谕	张鹤龄	天津人	举人	《缙绅全书》同治十三年秋
教谕	张鹤龄	天津人	举人	《缙绅全书》同治十三年冬
教谕	张鹤龄	天津人	举人	《爵秩全览》同治十三年冬
教谕	张鹤龄	天津人	举人	《缙绅全书》《中枢备览》同治十三年冬
教谕	张鹤龄	天津人	举人	《爵秩全览》光绪元年夏

职官	人名	籍贯	出身	出处及在职时间
教谕	张鹤龄	天津人	举人	《爵秩全览》光绪元年秋
教谕	张鹤龄	天津人	举人	《缙绅全书》光绪二年秋
教谕	张鹤龄	天津人	举人	《爵秩全览》光绪二年冬
教谕	张鹤龄	天津人	举人	《缙绅全书》《中枢备览》光绪三年夏
教谕	张鹤龄	天津人	举人	《缙绅全书》光绪三年秋
教谕	张鹤龄	天津人	举人	《爵秩全览》光绪三年冬
教谕	张鹤龄	天津人	举人	《缙绅全书》《中枢备览》光绪四年秋
教谕	张鹤龄	天津人	举人	《爵秩全览》光绪四年冬
教谕	张鹤龄	天津人	举人	《缙绅全书》光绪五年春

职官	人名	籍贯	出身	出处及在职时间
教谕	张鹤龄	天津人	举人	《缙绅全书》光绪五年秋
教谕	张鹤龄	天津人	举人	《缙绅全书》《中枢备览》光绪五年冬
教谕	张鹤龄	天津人	举人	《缙绅全书》光绪七年春
教谕	张鹤龄	天津人	举人	《爵秩全览》光绪七年冬
教谕	张鹤龄	天津人	举人	《缙绅全书》光绪七年冬
教谕	张鹤龄	天津人	举人	《缙绅全书》光绪八年冬
教谕	张鹤龄	天津人	举人	《爵秩全览》光绪十年夏
教谕	张鹤龄	天津人	举人	《爵秩全览》光绪十年秋
教谕	张鹤龄	天津人	举人	《爵秩全览》光绪十一年春

职官	人名	籍贯	出身	出处及在职时间
教谕	张鹤龄	天津人	举人	《爵秩全览》光绪十一年夏
教谕	张鹤龄	天津人	举人	《爵秩全览》光绪十一年秋
教谕	齐文蔚	保定府高阳县	光绪癸酉科举人	《民国文安县志》光绪十一年
教谕	齐文蔚	保定府人	举人	《爵秩全览》光绪十二年夏
教谕	齐文蔚	保定府人	举人	《缙绅全书》光绪十二年秋
教谕	齐文蔚	保定府人	举人	《爵秩全览》光绪十三年春
教谕	齐文蔚	保定府人	举人	《缙绅全书》《中枢备览》光绪十三年夏
教谕	齐文蔚	保定府人	举人	《缙绅全书》光绪十三年冬
教谕	齐文蔚	保定府人	举人	《缙绅全书》光绪十四年夏

职官	人名	籍贯	出身	出处及在职时间
教谕	齐文蔚	保定府人	举人	《爵秩全览》光绪十四年冬
教谕	齐文蔚	保定府人	举人	《爵秩全览》光绪十五年夏
教谕	齐文蔚	保定府人	举人	《爵秩全览》光绪十五年秋
教谕	齐文蔚	保定府人	举人	《爵秩全览》光绪十五年冬
教谕	齐文蔚	保定府人	举人	《缙绅全书》光绪十六年春
教谕	齐文蔚	保定府人	举人	《缙绅全书》光绪十六年冬
教谕	齐文蔚	保定府人	举人	《爵秩全览》光绪十八年春
教谕	齐文蔚	保定府人	举人	《爵秩全览》光绪十八年秋
教谕	齐文蔚	保定府文	举人	《爵秩全览》光绪十八年冬

职官	人名	籍贯	出身	出处及在职时间
教谕	齐文蔚	保定府人	举人	《缙绅全书》光绪十九年春
教谕	齐文蔚	保定府人	举人	《爵秩全览》光绪十九年夏
教谕	齐文蔚	保定府人	举人	《爵秩全览》光绪十九年秋
教谕	齐文蔚	保定人	举人	《缙绅全书》光绪十九年冬
教谕	齐文蔚	保定府人	举人	《爵秩全览》光绪十九年冬
教谕	齐文蔚	保定人	举人	《缙绅全书》《中枢备览》光绪二十年夏
教谕	齐文蔚	保定府人	举人	《爵秩全览》光绪二十年秋
教谕	齐文蔚	保定府人	举人	《爵秩全览》光绪二十一年春
教谕	齐文蔚	保定府人	举人	《爵秩全览》光绪二十一年夏

职官	人名	籍贯	出身	出处及在职时间
教谕	齐文蔚	保定府人	举人	《爵秩全览》光绪二十一年秋
教谕	刘光祖	河间人	举人	《缙绅全书》光绪二十一年冬
教谕	董浚泽	正红旗	举人	《民国文安县志》光绪二十一年
教谕	刘光祖	河间人	举人	《爵秩全览》光绪二十二年春
教谕	刘光祖	河间人	举人	《缙绅全书》光绪二十二年春
教谕	刘光祖	河间府人	举人	《爵秩全览》光绪二十二年夏
教谕	刘光祖	河间人	举人	《爵秩全览》光绪二十二年秋
教谕	刘光祖	河间府人	举人	《爵秩全览》光绪二十二年冬
教谕	刘光祖	景州	举人	《民国文安县志》光绪二十二年

职官	人名	籍贯	出身	出处及在职时间
教谕	刘光祖	河间府人	举人	《爵秩全览》光绪二十三年夏
教谕	刘光祖	河间人	举人	《缙绅全书》《中枢备览》光绪二十三年秋
教谕	刘光祖	河间人	举人	《爵秩全览》光绪二十三年冬
教谕	刘光祖	河间人	举人	《爵秩全览》光绪二十四年春
教谕	刘光祖	河间人	举人	《爵秩全览》光绪二十四年秋
教谕	刘光祖	河间人	举人	《爵秩全览》光绪二十四年冬
教谕	刘光祖	河间人	举人	《缙绅全书》光绪二十四年冬
教谕	刘光祖	河间人	举人	《爵秩全览》光绪二十五年春
教谕	刘光祖	河间人	举人	《缙绅全书》《中枢备览》光绪二十五年春

职官	人名	籍贯	出身	出处及在职时间
教谕	刘光祖	河间人	举人	《爵秩全览》光绪二十五年夏
教谕	刘光祖	河间人	举人	《缙绅全书》光绪二十五年夏
教谕	辛作霖	定州人	副贡	《爵秩全览》《民国文安县志》光绪二十五年秋
教谕	辛作霖	定州人	副贡	《缙绅全书》《中枢备览》《民国文安县志》光绪二十五年冬
教谕	辛作霖	定州人	副贡	《缙绅全书》《中枢备览》光绪二十六年春
教谕	辛作霖	定州人	副贡	《缙绅全书》光绪二十六年夏
教谕	辛作霖	定州人	副贡	《爵秩全览》光绪二十六年秋
教谕	辛作霖	定州人	副贡	《缙绅全书》光绪二十七年春
教谕	辛作霖	定州人	副贡	《爵秩全览》光绪二十七年冬

职官	人名	籍贯	出身	出处及在职时间
教谕	辛作霖	定州人	副贡	《缙绅全书》《中枢备览》光绪二十七年冬
教谕	辛作霖	定州人	副贡	《爵秩全览》光绪二十八年春
教谕	辛作霖	定州人	副贡	《缙绅全书》《中枢备览》光绪二十八年夏
教谕	辛作霖	定州人	副贡	《爵秩全览》光绪二十八年秋《缙绅全书》《中枢备览》光绪二十八年秋
教谕	辛作霖	定州人	副贡	《缙绅全书》《中枢备览》光绪二十八年冬
教谕	杜世楷	奉天锦州	举人	《民国文安县志》光绪二十八年
教谕	辛作霖	定州人	副贡	《爵秩全览》光绪二十九年春
教谕	辛作霖	定州人	副贡	《缙绅全书》光绪二十九年夏
教谕	辛作霖	定州人	副贡	《爵秩全览》光绪二十九年秋

职官	人名	籍贯	出身	出处及在职时间
教谕	辛作霖	定州人	副贡	《缙绅全书》《中枢备览》光绪二十九年秋
教谕	杜世楷	锦州人	举人	《缙绅全书》《中枢备览》光绪二十九年冬
教谕	杜世楷	锦州人	举人	《缙绅全书》《中枢备览》光绪三十年春
教谕	杜世楷	锦州人	举人	《爵秩全览》光绪三十年夏
教谕	杜世楷	锦州人	举人	《缙绅全书》《中枢备览》光绪三十年夏
教谕	杜世楷	锦州人	举人	《缙绅全书》光绪三十年冬
教谕	杜世楷	锦州人	举人	《缙绅全书》《中枢备览》光绪三十一年春
教谕	杜世楷	锦州人	举人	《爵秩全览》光绪三十一年夏
教谕	杜世楷	锦州人	举人	《缙绅全书》《中枢备览》光绪三十一年夏

职官	人名	籍贯	出身	出处及在职时间
教谕	杜世楷	锦州人	举人	《爵秩全览》光绪三十一年秋
教谕	杜世楷	锦州人	举人	《爵秩全览》光绪三十一年冬
教谕	杜世楷	锦州人	举人	《爵秩全览》光绪三十二年春
教谕	杜世楷	锦州人	举人	《缙绅全书》《中枢备览》光绪三十二年春
教谕	杜世楷	锦州人	举人	《缙绅全书》光绪三十二年夏
教谕	杜世楷	锦州人	举人	《缙绅全书》光绪三十二年秋
教谕	杜世楷	锦州人	举人	《爵秩全览》光绪三十二年冬
教谕	杜世楷	锦州人	举人	《爵秩全览》光绪三十三年春
教谕	杜世楷	锦州人	举人	《缙绅全书》《中枢备览》光绪三十三年夏

职官	人名	籍贯	出身	出处及在职时间
教谕	杜世楷	锦州府人	举人	《爵秩全览》光绪三十三年秋
教谕	杜世楷	锦州人	举人	《爵秩全览》光绪三十三年冬
教谕	杜世楷	锦州府人	举人	《爵秩全览》光绪三十四年春
教谕	杜世楷	锦州府人	举人	《爵秩全览》光绪三十四年夏
教谕	杜世楷	锦州府人	举人	《爵秩全览》光绪三十四年秋
教谕	杜世楷	锦州府人	举人	《爵秩全览》光绪三十四年冬
教谕	杜世楷	锦州府人	举人	《爵秩全览》宣统元年春
教谕	杜世楷	锦州府人	举人	《爵秩全览》宣统元年夏
教谕	杜世楷	锦州府人	举人	《爵秩全览》宣统元年秋

职官	人名	籍贯	出身	出处及在职时间
教谕	杜世楷	锦州府人	举人	《爵秩全览》宣统元年冬
教谕	杜世楷	锦州人	举人	《缙绅全书》宣统元年冬
教谕	杜世楷	锦州人	举人	《爵秩全览》宣统二年春
教谕	杜世楷	锦州人	举人	《爵秩全览》宣统二年夏
教谕	杜世楷	锦州人	举人	《爵秩全览》宣统二年秋
教谕	杜世楷	锦州人	举人	《爵秩全览》宣统二年冬
教谕	杜世楷	锦州人	举人	《爵秩全览》宣统三年春
教谕	杜世楷	锦州人	举人	《爵秩全览》宣统三年夏
教谕	杜世楷	锦州人	举人	《爵秩全览》宣统三年秋

职官	人名	籍贯	出身	出处及在职时间
教谕	杜世楷	锦州人	举人	《职官录》宣统三年冬
教谕	杜世楷	锦州人	举人	《职官录》宣统四年春
教谕	屈如尘	正定府隆平县人	举人	《民国文安县志》
教谕	李训鹤	大名府清丰县人	举人	《民国文安县志》
教谕	郝显荣	宣化府万全县人	举人	《民国文安县志》
教谕	王美昌	保定府蠡县人	举人	《民国文安县志》
教谕	鹿吉泰	保定府定兴县人	举人	《民国文安县志》
教谕	萧令韶	武邑人	举人	《民国文安县志》
教谕	谷明		举人	《民国文安县志》

职官	人名	籍贯	出身	出处及在职时间
教谕	谢灶	保定府人	恩贡生	《民国文安县志》
教谕	李冠卿	高阳县人	举人	《民国文安县志》

交大主簿

职官	人名	籍贯	出身	出处及在职时间
交大主簿	毛永桓	江苏吴县人	议叙	《缙绅全书》《中枢备览》道光二十二年春
交大主簿	刘锡春	江西南昌人	监生	《缙绅全书》道光二十二年冬
交大主簿	胡 彬	江苏元和人	吏员	《缙绅全书》道光二十五年夏
交大主簿	胡 彬	江苏元和人	吏员	《缙绅全书》道光二十五年秋
交大主簿	石 锷	河南祥符人	监生	《爵秩全览》道光二十六年

职官	人名	籍贯	出身	出处及在职时间
交大主簿	石 锷	河南祥符人	监生	《缙绅全书》道光二十七年夏
交大主簿	石 锷	河南祥符人	监生	《缙绅全书》道光二十七年秋
交大主簿	袁 铮	湖北人	监生	《缙绅全书》同治四年夏
交大主簿	袁 铮	湖北人	监生	《缙绅全书》同治五年春
交大主簿	袁 铮	湖北人	监生	《缙绅全书》同治六年春
交大主簿	董承惠	浙江会稽人	监生	《缙绅全书》同治六年秋
交大主簿	董承惠	浙江会稽人	监生	《缙绅全书》同治八年春
交大主簿	董承惠	浙江会稽人	监生	《缙绅全书》同治八年冬
交大主簿	狄 善	江苏溧阳人	供事	《缙绅全书》同治十三年春

职官	人名	籍贯	出身	出处及在职时间
交大主薄	毕 林	石埭人	监生	《缙绅全书》道光十年冬
交大主薄	蔡 煦	江苏吴县人	监生	《缙绅全书》《中枢备览》道光十三年夏
交大主薄	蔡 煦	江苏吴县人	监生	《缙绅全书》道光十四年春
交大主薄	蔡 煦	江苏吴县人	监生	《缙绅全书》道光十四年夏
交大主薄	姜承耀	浙江钱塘人	监生	《缙绅全书》《中枢备览》道光十六年夏
交大主薄	姜承耀	浙江钱塘人	监生	《缙绅全书》道光十六年秋
交大主薄	姜承耀	浙江钱塘人	监生	《缙绅全书》《中枢备览》道光十六年冬
交大主薄	姜承耀	浙江钱塘人	监生	《缙绅全书》道光十七年秋
交大主薄	姜承耀	浙江钱塘人	监生	《缙绅全书》道光十八年夏

职官	人名	籍贯	出身	出处及在职时间
交大主薄	姜承耀	浙江钱塘人	监生	《缙绅全书》道光二十年秋
交大主薄	练夔	福建武平人	监生	《缙绅全书》道光二十年冬
交大主薄	石锷	河南祥符人	监生	《缙绅全书》道光二十八年冬
交大主薄	石锷	河南祥符人	监生	《缙绅全书》道光二十九年夏
交大主薄		浙江钱塘人		《缙绅全书》咸丰三年夏
交大主薄	石锷	河南祥符人	监生	《缙绅全书》咸丰四年春
交大主薄	唐思钧	浙江山阴人	监生	《缙绅全书》咸丰四年
交大主薄	李生华	甘肃皋兰人	吏员	《缙绅全书》咸丰六年春
交大主薄	李生华	甘肃皋兰人	吏员	《缙绅全书》咸丰八年冬

职官	人名	籍贯	出身	出处及在职时间
交大主薄	李生华	甘肃皋兰人	吏员	《缙绅全书》咸丰九年夏
交大主薄	李生华	甘肃皋兰人	吏员	《缙绅全书》咸丰十年秋
交大主薄	李生华	甘肃皋兰人	吏员	《缙绅全书》咸丰十年
交大主薄	董承惠	浙江会稽人	文童	《缙绅全书》同治九年夏
交大主薄	董承惠	浙江会稽人	文童	《爵秩全览》同治九年秋
交大主薄	董承惠	浙江会稽人	文童	《缙绅全书》同治九年冬
交大主薄		浙江会稽人	监生	《缙绅全书》同治十年春
交大主薄		浙江会稽人	监生	《缙绅全书》同治十年夏
交大主薄	狄　善	江苏无锡人	供事	《缙绅全书》同治十一年夏
备注：《民国文安县志》中记载该人出身为交大主薄。				

职官	人名	籍贯	出身	出处及在职时间
交大主薄	狄 善	江苏无锡人	供事	《缙绅全书》《中枢备览》同治十一年秋
交大主薄	狄 善	江苏无锡人	供事	《缙绅全书》同治十二年冬

交大河主薄

职官	人名	籍贯	出身	出处及在职时间
交大河主薄	熊友恭	江西铅山人	供事	《最新百官绿》光绪三十四年春

交大管河主簿

职官	人名	籍贯	出身	出处及在职时间
交大管河主薄	姜承耀	浙江钱塘人	监生	《缙绅全书》《爵秩全览》道光十九年夏

职官	人名	籍贯	出身	出处及在职时间
交大管河主薄	石 锷	河南祥符人	监生	《爵秩全览》道光二十八年夏
交大管河主薄	何承古	江苏上元人		《爵秩全览》咸丰元年夏
交大管河主薄	韩明光	浙江钱塘人		《爵秩全览》咸丰二年冬
交大管河主薄	李生华	甘肃皋兰人	吏员	《爵秩全览》咸丰六年夏
交大管河主薄	李生华	甘肃皋兰人	吏员	《爵秩全览》咸丰七年秋
交大管河主薄	李生华	甘肃皋兰人	吏员	《爵秩全览》咸丰七年冬
交大管河主簿	汪国桢	江苏上元人	监生	《爵秩全览》同治六年春
交大管河主簿	董承惠	浙江会稽人	文童	《爵秩全览》同治九年春

职官	人名	籍贯	出身	出处及在职时间
交大管河主簿	狄 善	江苏溧阳人	供事	《爵秩全览》同治十三年夏
交大管河主簿	狄 善	江苏溧阳人	供事	《缙绅全书》同治十三年秋
交大管河主簿	狄 善	江苏溧阳人	供事	《缙绅全书》同治十三年冬
交大管河主簿	狄 善	江苏溧阳人	供事	《爵秩全览》同治十三年冬
交大管河主簿	狄 善	江苏溧阳人	供事	《缙绅全书》《中枢备览》同治十三年冬
交大管河主簿	狄 善	江苏溧阳人	供事	《爵秩全览》光绪元年夏
交大管河主簿	狄 善	江苏溧阳人	供事	《爵秩全览》光绪元年秋
交大管河主簿	狄 善	江苏溧阳人	供事	《缙绅全书》光绪二年秋
交大管河主簿	狄 善	江苏溧阳人	供事	《爵秩全览》光绪二年冬

职官	人名	籍贯	出身	出处及在职时间
交大管河主簿	狄 善	江苏溧阳人	供事	《缙绅全书》《中枢备览》光绪三年夏
交大管河主簿	狄 善	江苏溧阳人	供事	《缙绅全书》光绪三年秋
交大管河主簿	狄 善	江苏溧阳人	供事	《爵秩全览》光绪三年冬
交大管河主簿	狄 善	江苏溧阳人	供事	《缙绅全书》《中枢备览》光绪四年秋
交大管河主簿	狄 善	江苏溧阳人	供事	《爵秩全览》光绪四年冬
交大管河主簿	狄 善	江苏溧阳人	供事	《缙绅全书》光绪五年春
交大管河主簿	狄 善	江苏溧阳人	供事	《缙绅全书》光绪五年秋
交大管河主簿	狄 善	江苏溧阳人	供事	《缙绅全书》《中枢备览》光绪五年冬
交大管河主簿	狄 善	江苏溧阳人	供事	《缙绅全书》光绪七年春

职官	人名	籍贯	出身	出处及在职时间
交大管河主簿		江苏溧阳人		《缙绅全书》光绪七年冬
交大管河主簿	蔡承啟	浙江嘉善人	监生	《缙绅全书》光绪八年冬
交大管河主簿	蔡承啟	浙江嘉善人	监生	《爵秩全览》光绪十年夏
交大管河主簿	蔡承啟	浙江嘉善人	监生	《爵秩全览》光绪十年秋
交大管河主簿	蔡承啟	浙江嘉善人	监生	《爵秩全览》光绪十一年春
交大管河主簿	蔡承啟	浙江嘉善人	监生	《爵秩全览》光绪十一年夏
交大管河主簿	蔡承啟	浙江嘉善人	监生	《爵秩全览》光绪十一年秋
交大管河主簿	蔡承啟	浙江嘉善人	监生	《爵秩全览》光绪十二年夏
交大管河主簿	蔡承啟	浙江嘉善人	监生	《缙绅全书》光绪十二年秋

职官	人名	籍贯	出身	出处及在职时间
交大管河主簿	蔡承启	浙江嘉善人	监生	《爵秩全览》光绪十三年春
交大管河主簿	蔡承启	浙江嘉善人	监生	《缙绅全书》《中枢备览》光绪十三年夏
交大管河主簿	蔡承启	浙江嘉善人	监生	《缙绅全书》光绪十三年冬
交大管河主簿	蔡承启	浙江嘉善人	监生	《缙绅全书》光绪十四年夏
交大管河主簿	蔡承启	浙江嘉善人	监生	《爵秩全览》光绪十四年冬
交大管河主簿	蔡承启	浙江嘉善人	监生	《爵秩全览》光绪十五年夏
交大管河主簿	蔡承启	浙江嘉善人	监生	《爵秩全览》光绪十五年秋
交大管河主薄	蔡承启	浙江嘉善人	监生	《爵秩全览》光绪十五年冬
交大管河主薄	蔡承启	浙江嘉善人	监生	《缙绅全书》光绪十六年春

职官	人名	籍贯	出身	出处及在职时间
交大管河主薄	蔡承啟	浙江嘉善人	监生	《缙绅全书》光绪十六年冬
交大管河主薄	蔡承啟	浙江嘉善人	监生	《爵秩全览》光绪十八年春
交大管河主薄	蔡承啟	浙江嘉善人	监生	《爵秩全览》光绪十八年秋
交大管河主薄	蔡承啟	浙江嘉善人	监生	《爵秩全览》光绪十八年冬
交大管河主薄	蔡承啟	浙江嘉善人	监生	《缙绅全书》光绪十九年春
交大管河主薄	蔡承啟	浙江嘉善人	监生	《爵秩全览》光绪十九年夏
交大管河主薄	蔡承啟	浙江嘉善人	监生	《爵秩全览》光绪十九年秋
交大管河主薄	蔡承啟	浙江嘉善人	监生	《缙绅全书》光绪十九年冬
交大管河主薄	蔡承啟	浙江嘉善人	监生	《爵秩全览》光绪十九年冬

职官	人名	籍贯	出身	出处及在职时间
交大管河主薄	蔡承启	浙江嘉善人	监生	《缙绅全书》《中枢备览》光绪二十年夏
交大管河主薄	蔡承启	浙江嘉善人	监生	《爵秩全览》光绪二十年秋
交大管河主薄	蔡承启	浙江嘉善人	监生	《爵秩全览》光绪二十一年春
交大管河主薄	蔡承启	浙江嘉善人	监生	《爵秩全览》光绪二十一年夏
交大管河主薄	蔡承启	浙江嘉善人	监生	《爵秩全览》光绪二十一年秋
交大管河主薄	蔡承启	浙江嘉善人	监生	《缙绅全书》光绪二十一年冬
交大管河主薄	蔡承启	浙江嘉善人	监生	《爵秩全览》光绪二十二年春
交大管河主薄	蔡承启	浙江嘉善人	监生	《缙绅全书》光绪二十二年春
交大管河主薄	蔡承启	浙江嘉善人	监生	《爵秩全览》光绪二十二年夏

职官	人名	籍贯	出身	出处及在职时间
交大管河主薄	蔡承啟	浙江嘉善人	监生	《爵秩全览》光绪二十二年秋
交大管河主薄	蔡承啟	浙江嘉善人	监生	《爵秩全览》光绪二十二年冬
交大管河主薄	蔡承啟	浙江嘉善人	监生	《爵秩全览》光绪二十三年夏
交大管河主薄	蔡承啟	浙江嘉善人	监生	《缙绅全书》《中枢备览》光绪二十三年秋
交大管河主簿	蔡承啟	浙江嘉善人	监生	《爵秩全览》光绪二十三年冬
交大管河主簿	蔡承啟	浙江嘉善人	监生	《爵秩全览》光绪二十四年春
交大管河主簿	蔡承啟	浙江嘉善人	监生	《爵秩全览》光绪二十四年秋
交大管河主簿	蔡承啟	浙江嘉善人	监生	《爵秩全览》光绪二十四年冬
交大管河主簿	蔡承啟	浙江嘉善人	监生	《缙绅全书》光绪二十四年冬

职官	人名	籍贯	出身	出处及在职时间
交大管河主簿	蔡承啟	浙江嘉善人	监生	《爵秩全览》光绪二十五年春
交大管河主簿	蔡承啟	浙江嘉善人	监生	《缙绅全书》《中枢备览》光绪二十五年春
交大管河主簿	蔡承啟	浙江嘉善人	监生	《爵秩全览》光绪二十五年夏
交大管河主薄	蔡承啟	浙江嘉善人	监生	《缙绅全书》光绪二十五年夏
交大管河主薄		浙江嘉善人	监生	《缙绅全书》《中枢备览》光绪二十五年冬
交大管河主薄	熊友恭	江西铅山人	供事	《缙绅全书》《中枢备览》光绪二十六年春
备注：《民国文安县志》中记载该人出身为文大主薄。				
交大管河主薄	熊友恭	江西铅山人	供事	《缙绅全书》光绪二十六年夏
交大管河主薄	熊友恭	江西铅山人	供事	《爵秩全览》光绪二十六年秋

职官	人名	籍贯	出身	出处及在职时间
交大管河主薄	熊友恭	江西铅山人	供事	《缙绅全书》光绪二十七年春
交大管河主薄	熊友恭	江西铅山人	供事	《爵秩全览》光绪二十七年冬
交大管河主簿	熊友恭	江西铅山人	供事	《缙绅全书》《中枢备览》光绪二十七年冬
交大管河主簿	熊友恭	江西铅山人	供事	《爵秩全览》光绪二十八年春
交大管河主簿	熊友恭	江西铅山人	供事	《缙绅全书》《中枢备览》光绪二十八年夏
交大管河主簿	熊友恭	江西铅山人	供事	《爵秩全览》光绪二十八年秋 《缙绅全书》《中枢备览》光绪二十八年秋
交大管河主簿	熊友恭	江西铅山人	供事	《缙绅全书》《中枢备览》光绪二十八年冬
交大管河主簿	熊友恭	江西铅山人	供事	《爵秩全览》光绪二十九年春
交大管河主簿	熊友恭	江西铅山人	供事	《缙绅全书》光绪二十九年夏

职官	人名	籍贯	出身	出处及在职时间
交大管河主簿	熊友恭	江西铅山人	供事	《爵秩全览》光绪二十九年秋
交大管河主簿	熊友恭	江西铅山人	供事	《缙绅全书》《中枢备览》光绪二十九年秋
交大管河主簿	熊友恭	江西铅山人	供事	《缙绅全书》《中枢备览》光绪二十九年冬
交大管河主簿	熊友恭	江西铅山人	供事	《缙绅全书》《中枢备览》光绪三十年春
交大管河主簿	熊友恭	江西铅山人	供事	《爵秩全览》光绪三十年夏
交大管河主簿	熊友恭	江西铅山人	供事	《缙绅全书》《中枢备览》光绪三十年夏
交大管河主簿	熊友恭	江西铅山人	供事	《缙绅全书》光绪三十年冬
交大管河主薄	熊友恭	江西铅山人	供事	《缙绅全书》《中枢备览》光绪三十一年春
交大管河主薄	熊友恭	江西铅山人	供事	《爵秩全览》光绪三十一年夏

职官	人名	籍贯	出身	出处及在职时间
交大管河主薄	熊友恭	江西铅山人	供事	《缙绅全书》《中枢备览》光绪三十一年夏
交大管河主薄	熊友恭	江西铅山人	供事	《爵秩全览》光绪三十一年秋
交大管河主薄	熊友恭	江西铅山人	供事	《爵秩全览》光绪三十一年冬
交大管河主薄	熊友恭	江西铅山人	供事	《爵秩全览》光绪三十二年春
交大管河主薄	熊友恭	江西铅山人	供事	《缙绅全书》《中枢备览》光绪三十二年春
交大管河主薄	熊友恭	江西铅山人	供事	《缙绅全书》光绪三十二年夏
交大管河主薄	熊友恭	江西铅山人	供事	《缙绅全书》光绪三十二年秋
交大管河主薄	熊友恭	江西铅山人	供事	《爵秩全览》光绪三十二年冬
交大管河主薄	熊友恭	江西铅山人	供事	《爵秩全览》光绪三十三年春

职官	人名	籍贯	出身	出处及在职时间
交大管河主薄	熊友恭	江西铅山人	供事	《缙绅全书》《中枢备览》光绪三十三年夏
交大管河主薄	熊友恭	江西铅山人	供事	《爵秩全览》光绪三十三年秋
交大管河主薄	熊友恭	江西铅山人	供事	《爵秩全览》光绪三十三年冬
交大管河主薄	熊友恭	江西铅山人	供事	《爵秩全览》光绪三十四年春
交大管河主薄	熊友恭	江西铅山人	供事	《爵秩全览》光绪三十四年夏
交大管河主薄	熊友恭	江西铅山人	供事	《爵秩全览》光绪三十四年秋
交大管河主薄	熊友恭	江西铅山人	供事	《爵秩全览》光绪三十四年冬
交大管河主薄	熊友恭	江西铅山人	供事	《爵秩全览》宣统元年春

职官	人名	籍贯	出身	出处及在职时间
交大管河主薄	熊友恭	江西铅山人	供事	《爵秩全览》宣统元年夏
交大管河主薄	熊友恭	江西铅山人	供事	《爵秩全览》宣统元年秋
交大管河主薄	熊友恭	江西铅山人	供事	《爵秩全览》宣统元年冬
交大管河主簿	熊友恭	江西铅山人	供事	《缙绅全书》宣统元年冬
交大管河主簿	熊友恭	江西铅山人	供事	《爵秩全览》宣统二年春
交大管河主簿	熊友恭	江西铅山人	供事	《爵秩全览》宣统二年夏
交大管河主簿	熊友恭	江西铅山人	供事	《爵秩全览》宣统二年秋
交大管河主簿	熊友恭	江西铅山人	供事	《爵秩全览》宣统二年冬

职官	人名	籍贯	出身	出处及在职时间
交大管河主簿	熊友恭	江西铅山人	供事	《爵秩全览》宣统三年春
交大管河主簿	熊友恭	江西铅山人	供事	《爵秩全览》宣统三年夏
交大管河主簿	熊友恭	江西铅山人	供事	《爵秩全览》宣统三年秋
交大管河主簿	熊友恭	江西铅山人	供事	《职官录》宣统三年冬
交大管河主簿	熊友恭	江西铅山人	供事	《职官录》宣统四年春

管河主簿

职官	人名	籍贯	出身	出处及在职时间
管河主簿	来维宽	浙江萧山人	监生	《缙绅新书》乾隆十三年春

官粮主簿驻苏家桥

职官	人名	籍贯	出身	出处及在职时间
官粮主簿驻苏家桥	骆龙淇	浙江人	贡生	《缙绅全本》乾隆二十五年冬

复设训导

职官	人名	籍贯	出身	出处及在职时间
复设训导	李文举	海城人	岁贡	《缙绅新书》乾隆十三年春
复设训导	程　璜	临榆人	岁贡	《缙绅全本》乾隆二十五年冬
复设训导	程　璜	临榆人	拔贡	《缙绅全本》乾隆二十六年秋
复设训导	程　璜	临榆人	岁贡	《爵秩全书》乾隆三十年春

职官	人名	籍贯	出身	出处及在职时间
复设训导	程 瑔	临榆人	岁贡	《爵秩全本》乾隆三十年冬
复设训导	程 瑔	临榆人	岁贡	《爵秩全本》乾隆三十三年秋
复设训导	周学山	玉田人	廪贡	《缙绅全书》《中枢备览》乾隆四十二年秋
复设训导	边云龙	奉天人	廪贡	《缙绅全书》《中枢备览》乾隆五十三年春
复设训导	吕 松	广平人	岁贡	《缙绅全书》嘉庆元年春
复设训导	傅式训	天津人	举人	《缙绅全书》嘉庆二年冬
复设训导	傅式训	天津人	举人	《缙绅全书》嘉庆三年秋
复设训导	傅式训	天津人	举人	《缙绅全书》嘉庆三年冬
复设训导	傅式训	天津人	举人	《缙绅全书》嘉庆五年冬

职官	人名	籍贯	出身	出处及在职时间
复设训导	谷太岳	保定府人	举人	《缙绅全书》嘉庆九年春
复设训导	谷太岳	保定府人	举人	《缙绅全书》《中枢备览》嘉庆十一年春
复设训导	谷太岳	保定府人	举人	《缙绅全书》嘉庆十一年夏
复设训导	谷太岳	保定府人	举人	《缙绅全书》嘉庆十七年秋
复设训导	马国援	天津人	岁贡	《缙绅全书》嘉庆二十一年冬
复设训导	马国援	天津人	岁贡	《缙绅全书》（大）《缙绅全书》（小）嘉庆二十二年冬
复设训导	马国援	天津人	岁贡	《缙绅全书》嘉庆二十五年夏
复设训导	胡光祖	保定人	举人	《缙绅全书》《中枢备览》道光四年夏
复设训导	胡光祖	保定人	举人	《缙绅全书》道光四年夏

职官	人名	籍贯	出身	出处及在职时间
复设训导	蔡汝懋	承德人	举人	《爵秩全览》道光六年秋
复设训导	蔡汝懋	承德人	举人	《缙绅全书》道光七年春
复设训导	蔡汝懋	承德人	举人	《缙绅全书》道光十年冬
训导	王一石	吴桥人	謄録	《民国文安县志》道光十二年
复设训导	王一石	河间人	廪贡	《缙绅全书》《中枢备览》道光十三年夏
复设训导	王一石	河间人	廪贡	《缙绅全书》道光十四年春
复设训导	王一石	河间人	廪贡	《缙绅全书》道光十四年夏
复设训导	王一石	河间人	廪贡	《缙绅全书》《中枢备览》道光十六年夏
复设训导	王一石	河间人	廪贡	《缙绅全书》道光十六年秋

职官	人名	籍贯	出身	出处及在职时间
复设训导	王一石	河间人	廪贡	《缙绅全书》《中枢备览》道光十六年冬
复设训导	王一石	河间人	廪贡	《缙绅全书》道光十七年秋
复设训导	王一石	河间人	廪贡	《缙绅全书》道光十八年夏
复设训导	王一石	河间人	廪贡	《缙绅全书》《爵秩全览》道光十九年夏
复设训导	王一石	河间人	廪贡	《缙绅全书》道光二十年秋
复设训导	王一石	河间人	廪贡	《缙绅全书》道光二十年冬
复设训导	秦鹤鸣	宣化府人	廪贡	《缙绅全书》《中枢备览》道光二十二年春
复设训导	俞襄	大名人		《缙绅全书》道光二十二年冬
复设训导	石成文	保定人	廪贡	《缙绅全书》道光二十五年夏

职官	人名	籍贯	出身	出处及在职时间
复设训导	李遇青	永平人	廪贡	《缙绅全书》道光二十五年秋
复设训导	李遇清	永平人	廪贡	《爵秩全览》道光二十六年
复设训导	李遇清	永平人	廪贡	《缙绅全书》道光二十七年夏
复设训导	李遇清	永平人	廪贡	《缙绅全书》道光二十七年秋
复设训导	李遇清	永平府人	廪贡	《爵秩全览》道光二十八年夏
复设训导	李遇清	永平府人	廪贡	《缙绅全书》道光二十八年冬
复设训导	李遇清	永平府人	廪贡	《缙绅全书》道光二十九年夏
复设训导	李遇清	永平府人	廪贡	《爵秩全览》咸丰元年夏
复设训导	李遇清	永平府人	廪贡	《爵秩全览》咸丰二年冬

职官	人名	籍贯	出身	出处及在职时间
复设训导	李遇清	永平府人	廪贡	《缙绅全书》咸丰三年夏
复设训导	李遇清	永平府人	廪贡	《缙绅全书》咸丰四年春
复设训导	李遇清	永平人	廪贡	《缙绅全书》咸丰四年
复设训导	李遇清	永平府人	廪贡	《爵秩全览》咸丰六年春
复设训导	李遇清	永平人	廪贡	《缙绅全书》咸丰六年春
复设训导	王理浮	永平府人	廪贡	《爵秩全览》咸丰六年夏
复设训导	李遇清	永平府人	廪贡	《爵秩全览》咸丰七年秋
复设训导	李遇清	永平府人	廪贡	《爵秩全览》咸丰七年冬
复设训导	王理浮	永平人	廪贡	《缙绅全书》咸丰八年冬

职官	人名	籍贯	出身	出处及在职时间
复设训导	王理浮	永平人	廪贡	《缙绅全书》咸丰九年夏
复设训导	王理浮	永平人	廪贡	《缙绅全书》咸丰十年秋
复设训导	王理浮	永平人	廪贡	《缙绅全书》咸丰十年
复设训导	陈百祺	大名人	廪贡	《缙绅全书》同治四年夏
复设训导	陈百祺	大名人	廪贡	《缙绅全书》同治五年春
复设训导	陈百祺	大名人	廪贡	《爵秩全览》同治六年春
复设训导	陈百祺	大名人	廪贡	《缙绅全书》同治六年春
复设训导	乔永欣	永平人	廪贡	《缙绅全书》同治六年秋
复设训导	乔永欣	永平人	廪贡	《缙绅全书》同治八年春

职官	人名	籍贯	出身	出处及在职时间
复设训导	乔永欣	永昌人	廪贡	《缙绅全书》同治八年冬
复设训导	乔永欣	永平人	廪贡	《爵秩全览》同治九年春
复设训导	乔永欣	永平人	廪贡	《缙绅全书》同治九年夏
复设训导	乔永欣	永平人	廪贡	《爵秩全览》同治九年秋
复设训导	朱紫贵	河间人	廪生	《缙绅全书》同治九年冬
备注：《民国文安县志》记载该人地方为景州。				
复设训导	朱紫贵	河间人	廪生	《缙绅全书》同治十年春
复设训导	朱紫贵	河间人	廪生	《缙绅全书》同治十年夏
复设训导	朱紫贵	河间人	廪生	《缙绅全书》同治十一年夏

职官	人名	籍贯	出身	出处及在职时间
复设训导	朱紫贵	河间人	廪生	《缙绅全书》《中枢备览》同治十一年秋
复设训导	朱紫贵	河间人	廪生	《缙绅全书》同治十二年冬
复设训导	朱紫贵	河间人	廪贡	《缙绅全书》同治十三年春
复设训导	朱紫贵	河间人	廪贡	《爵秩全览》同治十三年夏
复设训导	朱紫贵	河间人	廪贡	《缙绅全书》同治十三年秋
复设训导	朱紫贵	河间人	廪贡	《缙绅全书》同治十三年冬
复设训导	朱紫贵	河间人	廪贡	《爵秩全览》同治十三年冬
复设训导	朱紫贵	河间人	廪贡	《缙绅全书》《中枢备览》同治十三年冬
复设训导	朱紫贵	河间人	廪贡	《爵秩全览》光绪元年夏

职官	人名	籍贯	出身	出处及在职时间
复设训导	朱紫贵	河间人	廪贡	《爵秩全览》光绪元年秋
复设训导	高鹏程	河间人	廪贡	《缙绅全书》光绪二年秋
复设训导	高鹏程	河间人	廪贡	《爵秩全览》光绪二年冬
复设训导	高鹏程	河间人	廪贡	《缙绅全书》《中枢备览》光绪三年夏
复设训导	高鹏程	河间人	廪贡	《缙绅全书》光绪三年秋
复设训导	高鹏程	河间人	廪贡	《爵秩全览》光绪三年冬
复设训导	周世芳	冀州人	廪贡	《缙绅全书》《中枢备览》《民国文安县志》光绪四年秋
复设训导	周世芳	冀州人	廪贡	《爵秩全览》《民国文安县志》光绪四年冬
复设训导	周世芳	冀州人	廪贡	《缙绅全书》光绪五年春

职官	人名	籍贯	出身	出处及在职时间
复设训导	周世芳	冀州人	廪贡	《缙绅全书》光绪五年秋
复设训导	周世芳	冀州人	廪贡	《缙绅全书》《中枢备览》光绪五年冬
复设训导	周世芳	冀州人	廪贡	《缙绅全书》光绪七年春
复设训导	周世芳	冀州人	廪贡	《爵秩全览》光绪七年冬
复设训导	周世芳	冀州人	廪贡	《缙绅全书》光绪七年冬
复设训导	周世芳	冀州人	廪贡	《缙绅全书》光绪八年冬
复设训导	周世芳	冀州人	廪贡	《爵秩全览》光绪十年夏
复设训导	周世芳	冀州人	廪贡	《爵秩全览》光绪十年秋
复设训导	吴培源	定州人	拔贡	《民国文安县志》光绪十年

职官	人名	籍贯	出身	出处及在职时间
复设训导	周世芳	冀州人	廪贡	《爵秩全览》光绪十一年春
复设训导	周世芳	冀州人	廪贡	《爵秩全览》光绪十一年夏
复设训导	吴培源	定州人	拔贡	《爵秩全览》光绪十一年秋
复设训导	吴培源	定州人	拔贡	《爵秩全览》光绪十二年夏
复设训导	吴培源	定州人	举人	《缙绅全书》光绪十二年秋
复设训导	吴培源	定州人	拔贡	《爵秩全览》光绪十三年春
复设训导	吴培源	定州人	拔贡	《缙绅全书》《中枢备览》光绪十三年夏
复设训导	吴培源	定州人	举人	《缙绅全书》光绪十三年冬
复设训导	吴培源	定州人	拔贡	《缙绅全书》光绪十四年夏

职官	人名	籍贯	出身	出处及在职时间
复设训导	吴培源	定州人	拔贡	《爵秩全览》光绪十四年冬
复设训导	吴培源	定州人	拔贡	《爵秩全览》光绪十五年夏
复设训导	吴培源	定州人	拔贡	《爵秩全览》光绪十五年秋
复设训导	吴培源	定州人	拔贡	《爵秩全览》光绪十五年冬
复设训导	吴培源	定州人	举人	《缙绅全书》光绪十六年春
复设训导	吴培源	定州人	拔贡	《缙绅全书》光绪十六年冬
复设训导	吴培源	定州人	拔贡	《爵秩全览》光绪十八年春
复设训导	吴培源	定州人	拔贡	《爵秩全览》光绪十八年秋
复设训导	吴培源	定州人	拔贡	《爵秩全览》光绪十八年冬

职官	人名	籍贯	出身	出处及在职时间
复设训导	吴培源	定州人	举人	《缙绅全书》光绪十九年春
复设训导	吴培源	定州人	拔贡	《爵秩全览》光绪十九年夏
复设训导	吴培源	定州人	拔贡	《爵秩全览》光绪十九年秋
复设训导	吴培源	定州人	拔贡	《缙绅全书》光绪十九年冬
复设训导	吴培源	定州人	拔贡	《爵秩全览》光绪十九年冬
复设训导	吴培源	定州人	举人	《缙绅全书》《中枢备览》光绪二十年夏
复设训导	吴培源	定州人	拔贡	《爵秩全览》光绪二十年秋
复设训导	吴培源	定州人	拔贡	《爵秩全览》光绪二十一年春

职官	人名	籍贯	出身	出处及在职时间
复设训导	吴培源	定州人	拔贡	《爵秩全览》光绪二十一年夏
复设训导	吴培源	定州人	拔贡	《爵秩全览》光绪二十一年秋
复设训导	赵济德	越州人	廪贡	《缙绅全书》光绪二十一年冬
复设训导	赵济德	赵州人	附贡生	《民国文安县志》光绪二十一年
复设训导	赵济德	越州人	廪贡	《爵秩全览》光绪二十二年春
复设训导	赵济德	越州人	廪贡	《缙绅全书》光绪二十二年春
复设训导	赵济德	越州人	廪贡	《爵秩全览》光绪二十二年夏
复设训导	赵济德	越州人	廪贡	《爵秩全览》光绪二十二年秋

职官	人名	籍贯	出身	出处及在职时间
复设训导	高振淇	保定府人	廪贡	《爵秩全览》光绪二十二年冬

备注：《民国文安县志》光绪二十二年中记载出身为附贡生。

职官	人名	籍贯	出身	出处及在职时间
复设训导	高振淇	保定府人	廪贡	《爵秩全览》光绪二十三年夏
复设训导	高振淇	保定人	廪贡	《缙绅全书》《中枢备览》光绪二十三年秋
复设训导	高振淇	保定人	廪贡	《爵秩全览》光绪二十三年冬
复设训导	高振淇	保定人	廪贡	《爵秩全览》光绪二十四年春
复设训导	高振淇	保定人	廪贡	《爵秩全览》光绪二十四年秋
复设训导	高振淇	保定人	廪贡	《爵秩全览》光绪二十四年冬
复设训导	高振淇	保定人	廪贡	《缙绅全书》光绪二十四年冬

职官	人名	籍贯	出身	出处及在职时间
复设训导	高振淇	保定人	廪贡	《爵秩全览》光绪二十五年春
复设训导	高振淇	保定人	廪贡	《缙绅全书》《中枢备览》光绪二十五年春
复设训导	高振淇	保定人	廪贡	《爵秩全览》光绪二十五年夏
复设训导	高振淇	保定人	廪贡	《缙绅全书》光绪二十五年夏
复设训导	高振淇	保定人	廪贡	《爵秩全览》光绪二十五年秋
复设训导	高振淇	保定人	廪贡	《缙绅全书》《中枢备览》光绪二十五年冬
复设训导	高振淇	保定人	廪贡	《缙绅全书》《中枢备览》光绪二十六年春
复设训导	高振淇	保定人	廪贡	《缙绅全书》光绪二十六年夏
复设训导	高振淇	保定人	廪贡	《爵秩全览》光绪二十六年秋
复设训导	高振淇	保定人	廪贡	《缙绅全书》光绪二十七年春

职官	人名	籍贯	出身	出处及在职时间
复设训导	高振淇	保定人	廪贡	《爵秩全览》光绪二十七年冬
复设训导	高振淇	保定人	廪贡	《缙绅全书》《中枢备览》光绪二十七年冬
复设训导	高振淇	保定人	廪贡	《爵秩全览》光绪二十八年春
复设训导	高振淇	保定人	廪贡	《缙绅全书》《中枢备览》光绪二十八年夏
复设训导	高振淇	保定人	廪贡	《爵秩全览》光绪二十八年秋《缙绅全书》《中枢备览》光绪二十八年秋
复设训导	高振淇	保定人	廪贡	《缙绅全书》《中枢备览》光绪二十八年冬
复设训导	高振淇	保定人	廪贡	《爵秩全览》光绪二十九年春
复设训导	高振淇	保定人	廪贡	《缙绅全书》光绪二十九年夏
复设训导	高振淇	保定人	廪贡	《爵秩全览》光绪二十九年秋

职官	人名	籍贯	出身	出处及在职时间
复设训导	高振淇	保定人	廪贡	《缙绅全书》《中枢备览》光绪二十九年秋
复设训导	高振淇	保定人	廪贡	《缙绅全书》《中枢备览》光绪二十九年冬
复设训导	高振淇	保定人	廪贡	《缙绅全书》《中枢备览》光绪三十年春
复设训导	高振淇	保定人	廪贡	《爵秩全览》光绪三十年夏
复设训导	高振淇	保定人	廪贡	《缙绅全书》《中枢备览》光绪三十年夏
复设训导	高振淇	保定人	廪贡	《缙绅全书》光绪三十年冬
复设训导	高振淇	保定人	廪贡	《缙绅全书》《中枢备览》光绪三十一年春
复设训导	阎焯卿	保定人	附贡	《爵秩全览》光绪三十一年夏《民国文安县志》
复设训导	阎焯卿	保定人	附贡	《缙绅全书》《中枢备览》光绪三十一年夏《民国文安县志》

职官	人名	籍贯	出身	出处及在职时间
复设训导	阎焯卿	保定人	附贡	《爵秩全览》《民国文安县志》光绪三十一年秋
复设训导	阎焯卿	保定人	附贡	《爵秩全览》《民国文安县志》光绪三十一年冬
复设训导	阎焯卿	保定人	附贡	《爵秩全览》光绪三十二年春
复设训导	阎焯卿	保定人	附贡	《缙绅全书》《中枢备览》光绪三十二年春
复设训导	阎焯卿	保定人	附贡	《缙绅全书》光绪三十二年夏
复设训导	阎焯卿	保定人	附贡	《缙绅全书》光绪三十二年秋
复设训导	阎焯卿	保定人	附贡	《爵秩全览》光绪三十二年冬
复设训导	阎焯卿	保定人	附贡	《爵秩全览》光绪三十三年春
复设训导	阎焯卿	保定人	附贡	《缙绅全书》《中枢备览》光绪三十三年夏

职官	人名	籍贯	出身	出处及在职时间
复设训导	阎焯卿	保定人	附贡	《爵秩全览》光绪三十三年秋
复设训导	阎焯卿	保定府人	附贡	《爵秩全览》光绪三十三年冬
复设训导	阎焯卿	保定府人	附贡	《爵秩全览》光绪三十四年春
复设训导	阎焯卿	保定府人	附贡	《爵秩全览》光绪三十四年夏
复设训导	阎焯卿	保定府人	附贡	《爵秩全览》光绪三十四年秋
复设训导	阎焯卿	保定府人	附贡	《爵秩全览》光绪三十四年冬
复设训导	阎焯卿	保定府人	附贡	《爵秩全览》宣统元年春
复设训导	阎焯卿	保定府人	附贡	《爵秩全览》宣统元年夏
复设训导	阎焯卿	保定府人	附贡	《爵秩全览》宣统元年秋

职官	人名	籍贯	出身	出处及在职时间
复设训导	阎焯卿	保定府人	附贡	《爵秩全览》宣统元年冬
复设训导	阎焯卿	保定人	附贡	《缙绅全书》宣统元年冬
复设训导	阎焯卿	保定人	附贡	《爵秩全览》宣统二年春
复设训导	阎焯卿	保定人	附贡	《爵秩全览》宣统二年夏
复设训导	阎焯卿	保定人	附贡	《爵秩全览》宣统二年秋
复设训导	朱紫贵	景州人	廪贡	《民国文安县志》

典史加一级

职官	人名	籍贯	出身	出处及在职时间
典史加一级	韩桂新	广东平远人	议叙	《缙绅新书》乾隆十三年春

职官	人名	籍贯	出身	出处及在职时间
典史加一级	韩 淦	浙江余姚人	监生	《缙绅全书》《中枢备览》道光四年夏
典史加一级	韩 淦	浙江余姚人	监生	《缙绅全书》道光七年春
典史加一级	韩 淦	浙江余姚人	监生	《缙绅全书》道光十年冬
典史加一级		浙江平湖人	监生	《缙绅全书》《中枢备览》道光十三年夏

典 史

职官	人名	籍贯	出身	出处及在职时间
典史	周 南	浙江乐清人		《民国文安县志》《康熙文安县志》《康熙文安县志》顺治元年
典史	鲁含贞	山西人		《民国文安县志》《康熙文安县志》《康熙文安县志》顺治五年
典史	周 忠	浙江人		《民国文安县志》《康熙文安县志》《康熙文安县志》顺治十二年

职官	人名	籍贯	出身	出处及在职时间
典史	顾鹏	湖广人		《民国文安县志》《康熙文安县志》《康熙文安县志》顺治十五年
典史	许亮	浙江人		《民国文安县志》《康熙文安县志》《康熙文安县志》康熙十年
典史	张焕	浙江会稽县人	吏员	《民国文安县志》《康熙文安县志》《康熙文安县志》康熙十年
典史	韩桂新	广东平远县人	总吏	《民国文安县志》《康熙文安县志》《康熙文安县志》康熙十年
典史	祝起凤	江南无锡人		《民国文安县志》《康熙文安县志》《康熙文安县志》康熙十二年
典史	牛际云	山西人		《民国文安县志》《康熙文安县志》康熙二十一年
典史	崔月桂	山西人		《民国文安县志》《康熙文安县志》康熙二十二年
典史	沈宁一	江南石埭人	吏员	《民国文安县志》《康熙文安县志》康熙三十年
典史	樊瑞骥	浙江山阴人	吏员	《民国文安县志》《康熙文安县志》康熙三十九年

职官	人名	籍贯	出身	出处及在职时间
典史	王忠嗣	浙江山阴人	例监	《民国文安县志》乾隆十四年
典史	朱履翱	浙江长兴人		《民国文安县志》乾隆十七年
典史	钟大文	福建武平人		《缙绅全本》乾隆二十五年冬
典史	钟大文	福建武平人		《缙绅全本》乾隆二十六年秋
典史	邵　珠	江苏人		《爵秩全书》乾隆三十年春
典史	邵　珠	江苏人		《爵秩全本》乾隆三十年冬
典史	李聊桂	湖南长沙人	例监	《民国文安县志》乾隆三十二年
典史	李聊桂	湖南长沙人	监生	《爵秩全本》乾隆三十三年秋
典史	杨洪益	广东大浦人	例监	《民国文安县志》乾隆三十八年

职官	人名	籍贯	出身	出处及在职时间
典史	杨洪益	广东人	监生	《缙绅全书》《中枢备览》乾隆四十二年秋
典史	强元宰	江南无锡人	例监	《民国文安县志》乾隆五十年
典史	张元宰	江苏无锡人	监生	《缙绅全书》《中枢备览》乾隆五十三年春
典史	强元宰	江苏无锡人	监生	《缙绅全书》嘉庆元年春
典史	强元宰	江苏无锡人	监生	《缙绅全书》嘉庆二年冬
典史	张 炌	江苏铜山人	监生	《缙绅全书》嘉庆三年秋
典史	张 炌	江苏铜山人	监生	《缙绅全书》嘉庆三年冬
典史	张 炌	江苏铜山人	监生	《缙绅全书》嘉庆五年冬
典史	张 炌	江苏铜山人	监生	《缙绅全书》嘉庆九年春

职官	人名	籍贯	出身	出处及在职时间
典史	张 炘	江苏铜山人	监生	《缙绅全书》《中枢备览》嘉庆十一年春
典史	张 炘	江苏铜山人	监生	《缙绅全书》嘉庆十一年夏
典史	张 炘	江苏铜山人	监生	《缙绅全书》嘉庆十七年秋
典史	王玉樸	山西安邑人	监生	《缙绅全书》嘉庆二十一年冬
典史	王玉樸	山西安邑人	监生	《缙绅全书》（大）《缙绅全书》（小）嘉庆二十二年冬
典史	王玉樸	山西安邑人	监生	《缙绅全书》嘉庆二十五年夏
典史	韩 淦	浙江余姚人	监生	《缙绅全书》道光四年夏
典史	韩 淦	浙江余姚人	监生	《爵秩全览》道光六年秋
典史	陈 炳	浙江江山人	职员	《缙绅全书》道光十四年春

职官	人名	籍贯	出身	出处及在职时间
典史	陈 炳	浙江江山人	职员	《缙绅全书》道光十四年夏
典史	茹 荃	顺天大兴	监生	《缙绅全书》《中枢备览》道光十六年夏
典史	茹 荃	浙江山阴人	监生	《缙绅全书》道光十六年秋
典史	茹 荃	浙江山阴人	监生	《缙绅全书》《中枢备览》道光十六年冬
典史	茹 荃	浙江山阴人	监生	《缙绅全书》道光十七年秋
典史	茹 荃	浙江山阴人	监生	《缙绅全书》道光十八年夏
典史	茹 荃	浙江山阴人	监生	《缙绅全书》《爵秩全览》道光十九年夏
典史		浙江山阴人	监生	《缙绅全书》道光二十年秋
典史		浙江山阴人	监生	《缙绅全书》道光二十年冬

职官	人名	籍贯	出身	出处及在职时间
典史	顾立元	江苏人	监生	《缙绅全书》《中枢备览》道光二十二年春
典史	顾立元	江苏人	监生	《缙绅全书》道光二十二年冬
典史	顾立元	江苏人	监生	《缙绅全书》道光二十五年夏
典史	顾立元	江苏人	监生	《缙绅全书》道光二十五年秋
典史	顾立元	江苏人	监生	《爵秩全览》道光二十六年
典史	顾立元	江苏人	监生	《缙绅全书》道光二十七年夏
典史		江苏人	监生	《缙绅全书》道光二十七年秋
典史	宋　球	安徽人	监生	《缙绅全书》道光二十八年冬
典史	王凤冈			《民国文安县志》道光二十八年

职官	人名	籍贯	出身	出处及在职时间
典史		安徽芜湖人	监生	《缙绅全书》道光二十九年夏
典史	陆鸣銮	浙江嘉兴人		《爵秩全览》咸丰元年夏
典史	陆鸣銮	浙江嘉兴人		《爵秩全览》咸丰二年冬
典史	陆鸣銮	浙江仁和人	监生	《缙绅全书》咸丰三年夏
典史	顾立元	江苏吴县人	监生	《缙绅全书》咸丰四年春
典史	陆鸣銮	浙江嘉兴人	监生	《缙绅全书》咸丰四年
典史	王凤冈	浙江山阴人	监生	《爵秩全览》咸丰六年春
典史	王凤冈	浙江山阴人	监生	《缙绅全书》咸丰六年春
典史	师 震	山西太平人	监生	《爵秩全览》咸丰六年夏

职官	人名	籍贯	出身	出处及在职时间
典史	王凤冈	浙江山阴人	监生	《爵秩全览》咸丰七年秋
典史	王凤冈	浙江山阴人	监生	《爵秩全览》咸丰七年冬
典史	毛桂荣			《民国文安县志》咸丰七年
典史	师震	山西太平人	监生	《缙绅全书》咸丰八年冬
典史		山西太平人	监生	《缙绅全书》咸丰九年夏
典史	朱宝堂	浙江山阴人	拔贡	《缙绅全书》咸丰十年秋

备注：《民国文安县志》记载该人地方为奉天承德。

职官	人名	籍贯	出身	出处及在职时间
典史	朱宝堂	浙江山阴人	拔贡	《缙绅全书》咸丰十年
典史	史昭恭			《民国文安县志》咸丰十年

职官	人名	籍贯	出身	出处及在职时间
典史	潘　济	浙江新安人	例监	《民国文安县志》同治二年
典史	夏恩荣	浙江海宁人	监生	《缙绅全书》同治四年夏
典史	夏恩荣	浙江海宁人	监生	《缙绅全书》同治五年春
典史	夏恩荣	浙江海宁人	监生	《爵秩全览》同治六年春
典史	夏恩荣	浙江海宁人	监生	《缙绅全书》同治六年春
典史	夏恩荣	浙江海宁人	监生	《缙绅全书》同治六年秋
典史	夏恩荣	浙江海宁人	监生	《缙绅全书》同治八年春
典史	夏恩荣	浙江海宁人	监生	《缙绅全书》同治八年冬
典史	夏恩荣	浙江海宁人	监生	《爵秩全览》同治九年春

职官	人名	籍贯	出身	出处及在职时间
典史	夏恩荣	浙江海宁人	监生	《缙绅全书》同治九年夏
典史	夏恩荣	浙江海宁人	监生	《爵秩全览》同治九年秋
典史	夏恩荣	浙江海宁人	监生	《缙绅全书》同治九年冬
典史	夏恩荣	浙江海宁人	监生	《缙绅全书》同治十年春
典史	夏恩荣	浙江海宁人	监生	《缙绅全书》同治十年夏
典史	夏恩荣	浙江海宁人	监生	《缙绅全书》同治十一年夏
典史	夏恩荣	浙江海宁人	监生	《缙绅全书》《中枢备览》同治十一年秋
典史	夏恩荣	浙江海宁人	监生	《缙绅全书》同治十二年冬
典史	张起鹏			《民国文安县志》同治十二年

职官	人名	籍贯	出身	出处及在职时间
典史	夏恩荣	浙江海宁人	监生	《缙绅全书》同治十三年春
典史	夏恩荣	浙江海宁人	监生	《爵秩全览》同治十三年夏
典史	夏恩荣	浙江海宁人	监生	《缙绅全书》同治十三年秋
典史	夏恩荣	浙江海宁人	监生	《缙绅全书》同治十三年冬
典史	夏恩荣	浙江海宁人	监生	《爵秩全览》同治十三年冬
典史	夏恩荣	浙江海宁人	监生	《缙绅全书》《中枢备览》同治十三年冬
典史	李灏			《民国文安县志》同治十三年
典史	夏恩荣	浙江海宁人	监生	《爵秩全览》光绪元年夏
典史	夏恩荣	浙江海宁人	监生	《爵秩全览》光绪元年秋

职官	人名	籍贯	出身	出处及在职时间
典史	夏恩荣	浙江海宁人	监生	《缙绅全书》光绪二年秋
典史	夏恩荣	浙江海宁人	监生	《爵秩全览》光绪二年冬
典史	夏恩荣	浙江海宁人	监生	《缙绅全书》《中枢备览》光绪三年夏
典史	夏恩荣	浙江海宁人	监生	《缙绅全书》光绪三年秋
典史	夏恩荣	浙江海宁人	监生	《爵秩全览》光绪三年冬
典史	夏恩荣	浙江海宁人	监生	《缙绅全书》《中枢备览》光绪四年秋
典史	夏恩荣	浙江海宁人	监生	《爵秩全览》光绪四年冬
典史	夏恩荣	浙江海宁人	监生	《缙绅全书》光绪五年春
典史	夏恩荣	浙江海宁人	监生	《缙绅全书》光绪五年秋

职官	人名	籍贯	出身	出处及在职时间
典史		浙江宁州人	监生	《缙绅全书》《中枢备览》光绪五年冬
典史	王序东	奉天昌图人	吏员	《缙绅全书》光绪七年春
典史	王序东	奉天昌图人	吏员	《爵秩全览》光绪七年冬
典史	王序东	奉天昌图人	吏员	《缙绅全书》光绪七年冬
典史	王序东	奉天昌图人	吏员	《缙绅全书》光绪八年冬
典史	王序东	奉天昌图人	吏员	《爵秩全览》光绪十年夏
典史	王序东	奉天昌图人	吏员	《爵秩全览》光绪十年秋
典史	王序东	奉天昌图人	吏员	《爵秩全览》光绪十一年春
典史	王序东	奉天昌图人	吏员	《爵秩全览》光绪十一年夏

职官	人名	籍贯	出身	出处及在职时间
典史	王序东	奉天昌图人	吏员	《爵秩全览》光绪十一年秋
典史	王序东	奉天昌图人	吏员	《爵秩全览》光绪十二年夏
典史		奉天人	吏员	《缙绅全书》光绪十二年秋
典史	陆邦彦	浙江萧山人	监生	《爵秩全览》光绪十三年春
典史	陆邦彦	浙江萧山人	监生	《缙绅全书》《中枢备览》光绪十三年夏
典史	陆邦彦	浙江萧山人	监生	《缙绅全书》光绪十三年冬
典史	陆邦彦	浙江萧山人	监生	《缙绅全书》光绪十四年夏
典史	陆邦彦	浙江萧山人	监生	《爵秩全览》光绪十四年冬
典史	陆邦彦	浙江萧山人	监生	《爵秩全览》光绪十五年夏

职官	人名	籍贯	出身	出处及在职时间
典史	陆邦彦	浙江萧山人	监生	《爵秩全览》光绪十五年秋
典史	陆邦彦	浙江萧山人	监生	《爵秩全览》光绪十五年冬
典史	陆邦彦	浙江萧山人	监生	《缙绅全书》光绪十六年春
典史	陆邦彦	浙江萧山人	监生	《缙绅全书》光绪十六年冬
典史	陆邦彦	浙江萧山人	监生	《爵秩全览》光绪十八年春
典史	陆邦彦	浙江萧山人	监生	《爵秩全览》光绪十八年秋
典史	陆邦彦	浙江萧山人	监生	《爵秩全览》光绪十八年冬
典史	陆邦彦	浙江萧山人	监生	《缙绅全书》光绪十九年春
典史	陆邦彦	浙江萧山人	监生	《爵秩全览》光绪十九年夏

职官	人名	籍贯	出身	出处及在职时间
典史	陆邦彦	浙江萧山人	监生	《爵秩全览》光绪十九年秋
典史	陆邦彦	浙江萧山人	监生	《缙绅全书》光绪十九年冬
典史	陆邦彦	浙江萧山人	监生	《爵秩全览》光绪十九年冬
典史	陆邦彦	浙江萧山人	监生	《缙绅全书》《中枢备览》光绪二十年夏
典史	陆邦彦	浙江萧山人	监生	《爵秩全览》光绪二十年秋
典史	张傅钰	浙江山阴人	监生	《爵秩全览》光绪二十一年春
典史	张傅钰	浙江山阴人	监生	《爵秩全览》光绪二十一年夏
典史	张傅钰	浙江山阴人	监生	《爵秩全览》光绪二十一年秋
典史	张傅钰	浙江山阴人	监生	《缙绅全书》光绪二十一年冬

职官	人名	籍贯	出身	出处及在职时间
典史	张傅钰	浙江山阴人	监生	《爵秩全览》光绪二十二年春
典史	张傅钰	浙江山阴人	监生	《缙绅全书》光绪二十二年春
典史	张傅钰	浙江山阴人	监生	《爵秩全览》光绪二十二年夏
典史	张傅钰	浙江山阴人	监生	《爵秩全览》光绪二十二年秋
典史	张傅钰	浙江山阴人	监生	《爵秩全览》光绪二十二年冬
典史	张傅钰	浙江山阴人	监生	《爵秩全览》光绪二十三年夏
典史	张傅钰	浙江山阴人	监生	《缙绅全书》《中枢备览》光绪二十三年秋
典史	张傅钰	浙江山阴人	监生	《爵秩全览》光绪二十三年冬
典史	张傅钰	浙江山阴人	监生	《爵秩全览》光绪二十四年春

职官	人名	籍贯	出身	出处及在职时间
典史	张傅钰	浙江山阴人	监生	《爵秩全览》光绪二十四年秋
典史	张傅钰	浙江山阴人	监生	《爵秩全览》光绪二十四年冬
典史	张傅钰	浙江山阴人	监生	《缙绅全书》光绪二十四年冬
典史	张傅钰	浙江山阴人	监生	《爵秩全览》光绪二十五年春
典史	张傅钰	浙江山阴人	监生	《缙绅全书》《中枢备览》光绪二十五年春
典史	张傅钰	浙江山阴人	监生	《爵秩全览》光绪二十五年夏
典史	张傅钰	浙江山阴人	监生	《缙绅全书》光绪二十五年夏
典史	张傅钰	浙江山阴人	监生	《爵秩全览》光绪二十五年秋
典史	张傅钰	浙江山阴人	监生	《缙绅全书》《中枢备览》光绪二十五年冬

职官	人名	籍贯	出身	出处及在职时间
典史	张傅钰	浙江山阴人	监生	《缙绅全书》《中枢备览》光绪二十六年春
典史	张傅钰	浙江山阴人	监生	《缙绅全书》光绪二十六年夏
典史	张傅钰	浙江山阴人	监生	《爵秩全览》光绪二十六年秋
典史	张傅钰	浙江山阴人	监生	《缙绅全书》光绪二十七年春
典史	张傅钰	浙江山阴人	监生	《爵秩全览》光绪二十七年冬
典史	张傅钰	浙江山阴人	监生	《缙绅全书》《中枢备览》光绪二十七年冬
典史	张傅钰	浙江山阴人	监生	《爵秩全览》光绪二十八年春
典史	张傅钰	浙江山阴人	监生	《缙绅全书》《中枢备览》光绪二十八年夏
典史	张傅钰	浙江山阴人	监生	《爵秩全览》光绪二十八年秋《缙绅全书》《中枢备览》光绪二十八年秋

职官	人名	籍贯	出身	出处及在职时间
典史	张傅钰	浙江山阴人	监生	《缙绅全书》《中枢备览》光绪二十八年冬
典史	张傅钰	浙江山阴人	监生	《爵秩全览》光绪二十九年春
典史		浙江山阴人	监生	《缙绅全书》光绪二十九年夏
典史		浙江山阴人	监生	《缙绅全书》《中枢备览》光绪二十九年冬
典史		浙江山阴人		《缙绅全书》《中枢备览》光绪三十年春
典史	邹乃励	浙江山阴人	监生	《爵秩全览》光绪三十年夏
典史	邹乃励	浙江山阴人	监生	《缙绅全书》《中枢备览》光绪三十年夏
典史	邹乃励	浙江山阴人	监生	《缙绅全书》光绪三十年冬

职官	人名	籍贯	出身	出处及在职时间
典史	邹乃励	浙江山阴人	监生	《缙绅全书》《中枢备览》光绪三十一年春
典史	邹乃励	浙江山阴人	监生	《爵秩全览》光绪三十一年夏
典史	邹乃励	浙江山阴人	监生	《缙绅全书》《中枢备览》光绪三十一年夏
典史	邹乃励	浙江山阴人	监生	《爵秩全览》光绪三十一年秋
典史	邹乃励	浙江山阴人	监生	《爵秩全览》光绪三十一年冬
典史	邹乃励	浙江山阴人	监生	《爵秩全览》光绪三十二年春
典史	邹乃励	浙江山阴人	监生	《缙绅全书》《中枢备览》光绪三十二年春
典史	邹乃励	浙江山阴人	监生	《缙绅全书》光绪三十二年夏

职官	人名	籍贯	出身	出处及在职时间
典史	邹乃励	浙江山阴人	监生	《缙绅全书》光绪三十二年秋
典史	邹乃励	浙江山阴人	监生	《爵秩全览》光绪三十二年冬
典史	邹乃励	浙江山阴人	监生	《爵秩全览》光绪三十三年春
典史	邹乃励	浙江山阴人	监生	《缙绅全书》《中枢备览》光绪三十三年夏
典史	邹乃励	浙江山阴人	监生	《爵秩全览》光绪三十三年秋
典史	邹乃励	浙江山阴人	监生	《爵秩全览》光绪三十三年冬
典史	邹乃励	浙江山阴人	监生	《爵秩全览》光绪三十四年春
典史	邹乃励	浙江山阴人	监生	《最新百官绿》光绪三十四年春

职官	人名	籍贯	出身	出处及在职时间
典史	邹乃励	浙江山阴人	监生	《爵秩全览》光绪三十四年夏
典史	邹乃励	浙江山阴人	监生	《爵秩全览》光绪三十四年秋
典史	邹乃励	浙江山阴人	监生	《爵秩全览》光绪三十四年冬
典史	邹乃励	浙江山阴人	监生	《爵秩全览》宣统元年春
典史	邹乃励	浙江山阴人	监生	《爵秩全览》宣统元年夏
典史	邹乃励	浙江山阴人	监生	《爵秩全览》宣统元年秋
典史	邹乃励	浙江山阴人	监生	《爵秩全览》宣统元年冬
典史	邹乃励	浙江山阴人	监生	《缙绅全书》宣统元年冬

职官	人名	籍贯	出身	出处及在职时间
典史	邹乃励	浙江山阴人	监生	《爵秩全览》宣统二年春
典史	邹乃励	浙江山阴人	监生	《爵秩全览》宣统二年夏
典史	邹乃励	浙江山阴人	监生	《爵秩全览》宣统二年秋
典史	邹乃励	浙江山阴人	监生	《爵秩全览》宣统二年冬
典史	邹乃励	浙江山阴人	监生	《爵秩全览》宣统三年春
典史	徐先洲	山东人	附生	《职官录》宣统三年冬
典史	徐先洲	山东人	附生	《职官录》宣统四年春
典史	郭永维	山东朝城县人	吏员	《民国文安县志》
典史	周世忠	浙江仁和县人	内阁供事	《民国文安县志》

职官	人名	籍贯	出身	出处及在职时间
典史	沈大用			《民国文安县志》
典史	邵珠			《民国文安县志》
典史	朱宝堂	奉天承德人		《民国文安县志》
典史	蔡如楷			《民国文安县志》
典史	张树勳			《民国文安县志》

把　总

职官	人名	籍贯	出身	出处及在职时间
把总	凌永福	直隶人	行伍	《爵秩新本》《中枢备览》雍正四年夏
把总	哈振明	直隶人	行伍	《缙绅全书》《中枢备览》道光四年夏

雄安新区清代武职名录

千总

王得善	直隶人	许万隆	天津人	张文宪	榆林人
王启禄	天津人	李云龙	通州人	盛彪	三河人
李秉仁	永平人	路允成	青县人	李用中	正定人
李文台	天津人	窦天禄	直隶人	李毓清	天津人
张德裕	直隶人	张彦	山西人	张潼	
马长清		岳登科	浙江人	周继文	
赵宽		刘有德		王化淳	
杨元祥	京衙人	高乘羮	安县人	王启元	山东人
阎应会	天津衙人	张显宗	文安人	李元祯	任丘人
杨之龙	京衙人	杨有豹		何遵	宣化府人
李贵	任丘县人	张鳞		魏成	天津县人
王伍	新城县人	张云		李文祥	
金全义		王炘		董寿源	
刘履青	晋州人	王恩荣	天津人	刘云山	天津人
张遇顺	山东人	刘锡龄	雄县人	阕伯彦	直隶人

守备

王之盛	京卫人	董孔教	直隶梁城所人	焦乃善	顺天人
陈良弼	顺天大兴人	高得伏	陕西人		
侯闰	东安人	徐开泰		孔新	陕西人
雒镇抚	三原人	魏永禄	宛平人	权进朝	河间人
张允光	山东莱阳人	刘进科	山东平度州人	叶广全	
林成兴		韦启明		刘长发	安徽潜山县人
宋邦凤	山东平原县人	蓝九万		李登全	
朱纬		王希喆		高守荣	湖广枣阳人
胡恺	宛平人				

把总

王得善	天津人	高华章	天津人	马善述	静海人
郝传科	大城人	石凤鸣	天津人	韩用暄	直隶人
刘维勇	直隶人	凌永福	直隶人	哈振明	直隶人

兵备副使

刘芳久	贵州人	李日苪	旗下籍	张儒秀	辽东广宁人
刘有道	旗下籍	林起凰	旗下籍	于燹龙	辽东铁岭卫人
张 锦	山西人	范 周	江南人	赵维翰	江南人
朱国治	辽东人	傅梦□	旗下籍	安世鼎	辽东人
许兆麟	辽东人				

游击

祖泽厚	辽东人	韩良佐	永平府抚宁卫人	刘觐朝	河南鹿邑人
陈自伦		伊昌阿		明 禄	
法克精阿		岱 敏		德	
杨奎光		朱志麟		王明善	
方振奇	直隶曲州人	解 帜	陕西籍京衙人	杨 钊	辽东江南扬州籍人
许 耀	福建海澄人	陈光祚	京衙人	熊开运	江西宜春人
苟文昌	陕西延安府人	李元祯	直隶任丘人	朱正色	陕西寕夏人
颜光昕	江南亳州人	郭宗唐	陕西甘州人	韩 德	陕西人
唐际盛	四川成都府人	赵 蕙	陕西榆林卫人	薛 瀚	山东滕县人
李朝用	正黄旗人	周 涵	山东临清州人	张应甲	云南人
窦天禄	天津人	吴廷傑	四川人	杨永和	四川松番卫人
李甲早	陕西宁夏人	哈士德	河间人	陈永图	大兴县人
杨大立	山东历城人	惠延祖	山东济宁卫人	李现祥	陕西宁夏人
杨永和		刘 英	福建长汀县人	林武略	广东人
徐	湖南人				

守尉

孙塔

防尉

庆祥　　　　保定府人　　　苏莽阿　　　保定府人

防守御

连庆　　　旗人　　　穆腾额　　　旗人　　　文贵　　　旗人
奎祥　　　　　　　　瑞林　　　　　　　　文连
多仁布　　　　　　　庆祥　　　　　　　　额勒崇额
和林

信安泛

赵起　　　　　　　昝金甲　　　　　　　牛光斗
时茂东　　　　　　李凰鹏　　　　　　　薛金龙
郑吉荣　　　　　　宋含香　　　　　　　张葵芳
刘锡龄　　　　　　张福春　　　　　　　张云標

存城泛

李金標　　　　　　王恩甲　　　　　　　宋铎
刘清发

骁骑校

多隆阿　　　旗人　　　广泰　　　旗人　　　文连　　　旗人
额勒崇额　　旗人　　　扎清阿　　旗人　　　法林　　　旗人
和林　　　　旗人　　　万城　　　旗人　　　恩祥　　　旗人
达兰　　　　旗人

营守府

倪开珩	清苑人	刘云山	安徽人	文锦	京旗
杨殿楹	山东人	诚福	京旗	宋建祥	安徽人
刘长发	安徽人	顾毕受	安徽人		

经制外委把总

刘德	定兴县人	王允中	新城人	王盛	新城人
时丕显	雄县人	线思永		毛殿魁	
马焕		阎镜		梁清泰	
张玉庆		李兆和		左永庆	
萧镇东	新城人				

经制外委

王生	武顺	新城人

头司把总

丁阴槐	直隶人